西南政法大学新闻传播学系列丛书

# 现代媒介传播与审美问题研究

张 建——著

本书系：

2021年西南政法大学引进人才科研资助项目（批准号：2021-XZRCXM001）•

重庆市社会科学规划项目 •

“智能手机对未成年人不良行为的影响机制与防控体系构建研究”研究成果（项目编号：2021NDYB104）

重庆市高等教育教学改革研究重点项目 •

“创新任务驱动下网络与新媒体专业课程实施及教学评价变革研究”研究成果（项目编号：212039）

重庆市研究生教育教学改革研究项目 •

“创新任务驱动下新闻与传播硕士（MJC）课程实施及教学评价变革研究”研究成果（项目编号：yjg213048）



知识产权出版社
全国百佳图书出版单位
—北京—

**图书在版编目（CIP）数据**

现代媒介传播与审美问题研究/张建著．—北京：知识产权出版社，2023. 5
（西南政法大学新闻传播学系列丛书）
ISBN 978-7-5130-8555-7

Ⅰ．①现…　Ⅱ．①张…　Ⅲ．①传播媒介—审美—研究　Ⅳ．①G206. 2

中国国家版本馆 CIP 数据核字（2023）第 002213 号

**责任编辑**：栾晓航　　**责任校对**：王　岩
**封面设计**：杨杨工作室·张冀　　**责任印制**：孙婷婷

**现代媒介传播与审美问题研究**

张建　著

**出版发行**：知识产权出版社有限责任公司　　**网　　址**：http://www. ipph. cn
**社　　址**：北京市海淀区气象路 50 号院　　**邮　　编**：100081
**责编电话**：010-82000860 转 8382　　**责编邮箱**：luanxiaohang@ cnipr. com
**发行电话**：010-82000860 转 8101/8102　　**发行传真**：010-82000893/82005070/82000270
**印　　刷**：北京建宏印刷有限公司　　**经　　销**：新华书店、各大网上书店及相关专业书店
**开　　本**：720mm×1000mm　1/16　　**印　　张**：13
**版　　次**：2023 年 5 月第 1 版　　**印　　次**：2023 年 5 月第 1 次印刷
**字　　数**：202 千字　　**定　　价**：78. 00 元
ISBN 978-7-5130-8555-7

# 前　言

伴随媒介技术变革与迭代，网络化、移动化、智能化已然成为当前传播模式创新的核心逻辑。无论传统媒体还是网络新媒体，现代媒介传播呈现出全新的语言方式、表现形态和审美价值，不仅媒介技术影响传播的内容，媒介形态的变化也改变着人们的日常生活；媒介传播方式、方法、手段、内容的创新，也带给人们崭新的审美体验。传播和审美环环相扣，媒体审美决定了媒体传播的质量，当前媒介与审美关系研究引起人们广泛的关注，如何优化、提高现代媒介的传播和审美功能，将现代媒介作为大众美育的新手段、新方法，已经成为一个越来越引发学界、业界关注与思考的重要问题。

《现代媒介传播与审美问题研究》一书致力于媒介技术大爆发及在日常生活审美化与世界多元共生背景下，探索现代媒介传播及创新发展规律，寻找现代媒介审美特征及传媒美育手段、方法开发，有助于现代媒介传播功能与审美价值的提升，可以更好地帮助媒介发展，服务于人们对美好生活的向往和追求。

全书共七章，内容包括纸媒传播与创新发展、电视节目传播与创新、数字电影的美感体验、电影《白日焰火》的审美韵味、移动传播与手机阅读、手机媒体的审美功能、大学生手机依赖与移动美育等，从传统纸媒到电视节目及数字电影，再到移动互联时代的智能手机，系统全面地阐述了在数字化媒介语境下现代媒介传播方式、手段创新及其给现代人审美感知、体验带来的新变化，析理出现代媒介传播影响下技术与审美文化、美育功能的关联互动。

媒介审美，可以说是媒体结构的核心部分，在这个信息爆炸乃至严重过剩，各种新兴媒体推陈出新、层出不穷的时代，媒体时时刻刻都在上演洗牌和重构大戏，不同的媒体有着不同的审美价值，这些审美价值会带来不同的传播效果，也决定着媒体的生命周期。总的来说，媒体审美在这个信息化的时代显得尤为重要。本书系笔者近十年来在相关领域的学术积累，重庆邮电大学杨帅、重庆大学李金正老师等参与了部分内容的写作，笔者已经毕业的学生们也作出了一定的学术贡献，他们是林雪涛、蒋婧、高尚、孟丝琦、于爽、李佳蓓等，另外，笔者现在的研究生李雪、赵文博、李悦悦、胡清灵等参与了本书资料整理、参考文献收集等工作，一并对他们表示感谢。本书的出版得到西南政法大学引进人才科研资助项目和西南政法大学新闻传播学院的资助，在此表示诚挚的谢意。

由于水平有限、时间仓促，本书一定还存在许多不足和遗憾，真诚希望各位专家学者和广大读者批评指正，促使本书在反馈、吸收、修改之中不断完善。

张　建

2022 年 6 月于西政敬业楼 1021

Contents

# 目录

Contents
目录

# 第一章
# 纸媒传播与创新发展

# 第一章
# 纸媒传播与创新发展

## 第一节　青少年期刊发展思路转变与产品创新

随着文化体制改革的深入，我国许多出版单位由事业单位转变为企业后，经营压力骤然加大，要求发展的内涵由线性发展转变成块状发展，越来越多的出版企业开始在图书、报刊的边缘产业中寻找机会并逐步跨出去。[1] 在这样的发展背景下，重庆课堂内外杂志社出版有限公司（以下简称课堂内外杂志社）认识到，青少年期刊必须跳出思维定式，在科技进步、教育普及和国际融合的机遇中谋划新的发展之路。

### 一、用行业思维拓展产业范围

任何一个企业的建立、发展和升级，都必须明确自己的用户群体、主营业务和市场规模等问题。期刊多元化经营“务必要在已经确立的杂志的核心价值和资源方面延伸服务链，而不是完全离开自己的本业去延伸”。[2] 课堂内外杂志社认为，青少年期刊改革稳中求变的做法，应该是在已经确立的核心价值和资源方面

[1] 易高原，简渠．当前市场化期刊发展的新特点及趋势［J］．重庆科技学院学报：社会科学版，2011（17）．

[2] 丁竞男．美国期刊多元化经营启示［J］．青年记者，2011（2）．

去延伸服务链，而不能完全离开自己的本业去冒险。青少年传媒的核心用户是青少年及其延伸群体——青少年、青少年家长、中小学校及教师。因此，课堂内外杂志社升级发展的最优选择是由青少年出版行业向青少年文化产业辐射。

课堂内外杂志社董事长刘信中就企业的创新发展多次指出，为中国三亿青少年服务，是课堂内外人的光荣使命。在过去的一段时期，课堂内外杂志社把成为“中国最具竞争力的青少年传媒”作为发展目标和自身定位，现在课堂内外杂志社如果还把自己定位为“青少年传媒”，这种理念就难免显得狭隘。因为，传统媒体近年来的发展状况让我们看到，普通传媒的商业价值已严重下滑，出版企业如果继续困囿于单一的传媒业态当中，很可能举步维艰；课堂内外杂志社应该将出版与科技、文化、教育深度融合，以全中国三亿青少年为服务的目标群体，拓展业务范围。“服务三亿青少年”不是一句空话。课堂内外杂志社要把目光投射到青少年文化产业这个超万亿元级的巨大市场里，寻找当前青少年传媒更大的发展空间，由传统的期刊出版企业向现代化的青少年文化产业集团升级，既要在全国范围内发挥影响力，更要树立全新的国际化品牌，实现可持续的社会效益和经济效益。

## 二、用科技含量丰富产品形态

长期以来，课堂内外杂志社的主要产品形态包括纸质期刊、纸质图书、教育服务和教育培训。思路转变带来产品创新，现在，具有教育价值和科技含量的文具和玩具、互联网出版物及数字化在线服务成为课堂内外杂志社拓展产品形态的选择。

以文具和玩具产品为例，课堂内外杂志社可以将文化注入其中，开发出特色文具和玩具。除了考虑到文具和玩具是青少年文化产业当中的重要商品以外，更重要的是全国的书刊经销商（如新华传媒及其他个体经销商）在经营书刊的同时往往也兼营文具和玩具。课堂内外杂志社近年推出的“魔法笔记本”就生动体现了科技和文化、教育的融合。课堂内外杂志社的编辑精选故事、动画、歌曲录制成音频或视频，邀请受学生追捧的明星偶像定制语音或录像，将播放链接生成二维码印制在设计精美的笔记本上。“魔法笔记本”富有趣味性、互动性和科技含量，学生只要使用移动设备扫一扫二维码，就能立刻播放音频或视频，感受全新的笔记本体验。

目前，课堂内外杂志社正在探索构建特色“产”“学”“研”三大领域并驾齐驱的发展新格局。“产”即产品，产品是核心，产品以市场为导向，向高精尖发展，注重提升其中的教育含量和科技含量。“学”即“少年大学”，配合我国素质教育发展，为青少年提供个性化的培训服务和世界范围内的游学服务。“研”即科研，聚合优质资源，做产业标准，使公司立于不败之地。

### 三、用数据管理更新出版方式

现代社会消费市场中的用户需求千差万别，产品和服务种类名目繁多，出版传媒市场同样如此。一方面，不同地域、不同年龄甚至不同层次的读者对出版物在内容或形式上几乎都有不同的需求；另一方面，作为信息采集者、编辑者和传播者的出版企业，在信息急速变化、更新与丰富的大数据时代，数据库化的信息管理和模块化的出版方式显得格外重要。

课堂内外杂志社在某些图书及期刊的出版方面推行基于数据库的模块化出版方式，研究、开发数据库应用技术，依据学科知识体系，将出版内容碎片化加工，形成相对独立的模块，并储存在数据库中。接收到出版需求后，系统根据客户需求抽取并聚合相关内容，进行重新定义、组合，编辑在最后环节对信息进行深度加工，形成一个具有新内容体系结构的出版物，从而满足不同地域、不同年龄、不同层次读者的需求。

以重庆市场为例，重庆市下辖 38 个区县，各个区县学校使用和需求的教辅图书版本不尽相同。就语文、数学两个学科而言，有的区县只使用 X 版本，有的区县只使用 Y 版本，有的区县使用 X 版语文和 Y 版数学，有的区县使用 Y 版语文和 X 版数学，在同一学校，非毕业年级使用年级分册版本，毕业年级使用总复习综合版本。如果使用传统出版编辑方式，要分别满足各方用户的图书需求，需要组织大量人员编写繁多的独立体系的图书。推行基于数据库的模块化出版方式后，繁杂的编辑出版项目就简化为系统按照一定的组织规则，调用相应模块内容数据进行整合，满足了个体化、自主化的需求。

### 四、用时代眼光看待事业发展

“00后”生在数字时代，长在数字时代，加上数字技术发展日新月异，他们的生活理念和生活方式会最终决定传统出版的命运。❶ 未来10年，面临既有的大市场与大数据环境，我国的青少年期刊传媒将要经历探索挑战期、转型机遇期和创新突破期。重庆市的文化产业发展规划对重庆市数字文化内容业进行了总体布局：以市场需求为导向，以先进数字技术为支撑，大力发展数字电视、动漫游戏、数字出版、数字广告等数字内容产品，加快培育一批数字文化内容产业龙头企业，形成区域特色明显的数字文化内容产业集群。

课堂内外杂志社正式的数字化转型始于2011年，当年专门组建了重庆新课堂数字出版公司。2012年，课堂内外杂志社承担国家科技支撑计划项目“面向终身教育的数字资源聚合与投放云服务关键技术研发与运营示范”，开始重点研发“课堂内外电子书包”（学生智能平板电脑）和“课堂内外基础教育云平台”。2013年5月，“课堂内外电子书包”正式发布并上市，“课堂内外基础教育云平台”作为云端互动的“资源池”也如期上线。“课堂内外电子书包”作为一种开展个性化学习的工具，可以解决班级授课教师集体灌输知识难以因材施教的问题，通过云计算和大数据等技术，记录、分析学生的学习行为，有针对性地查缺补漏，实现个性化教学。

## 第二节　现代文化批评类图书策划的困境及对策

近年来，有一类既非纯学术也非纯通俗的图书引起了业界的关注。这类图书不仅跨越了传统意义上的某个学科领域，也有打破专业和通俗两个市场界限的迹

❶ 刘信中．青少年期刊的黄金十年：以《课堂内外》为例［J］．传媒，2014（1）．

象，甚至以回归普通大众的日常生活为主要内容。在学科划分上，这类图书一般被称为“文化批评”，在选题策划上，它究竟该如何归属，还需要一番讨论。

## 一、文化批评类图书的主要特点及其给选题策划工作带来的困惑

一般认为，“文化批评”是与传统的“文艺批评”相对应的一门新兴的学科领域，它正是从后者的学科母体中脱胎而来。但就实际的社会影响来说，它又比后者更强烈、更直接，与普通读者的接受趣味也更为切近。文化批评的理论基础来自“文化研究”——这门学科的命名听起来颇为怪异，因为传统意义上的学科一般都以“××学”作为后缀，但这门学科直呼“研究”，好像很不严肃，让人误以为它只关注某些现象，而没有上升到学科的高度。但正是这门看似荒诞不经的学科，不仅给传统的学科体系带来了一次空前的革命，也给传统的图书选题策划带来了巨大的冲击。

首先，文化研究打破了传统的学科分类体系，也扰乱了图书选题策划的传统边界。文化研究不仅是传统意义上的“跨学科”，而且被称为“后学科”，甚至是一种“反学科的知识实践”，[1] 因为其理论旨趣就是要反对碎片化、平面化和单向度的传统学科范式，认为这种知识结构在对具体问题的阐释上难免会造成同样的后果。正如北京大学戴锦华教授所说，文化研究是“知识的炼金术”，它没有确切的理论来源，也没有严格意义上的研究领域。[2]

文化研究的这种学科性质以及作为其具体应用的文化批评，显然会给选题策划工作带来新的问题。比如，策划编辑如何策划或驾驭如此复杂的“后学科”选题？我们都知道，传统的选题策划就其主体而言，一般都以熟悉某学科领域的知识为基本要求，而以跨学科为主要特色的文化研究和文化批评，显然会给策划主体的知识储备带来一定的挑战；如果知识储备不足，不仅会影响对策划信息的判断，而且在实际的编辑工作中也难免会出现差错和纰漏。此外，作为一种跨学

[1] 罗钢，孟登迎．文化研究与反学科的知识实践［J］．文艺研究，2002（4）．

[2] 北京大学著名教授戴锦华在凤凰卫视“世纪大讲堂”的一次题为《活的知识：论大众文化研究》的演讲中提到了上述观点。

科知识实践的文化批评，不仅意味着某一本书很难被确定地归属为某一学科领域，甚至每一本书都已经不同程度地被诸多学科所渗透。这样的著作在上架建议和营销渠道上该如何处理，也非常值得策划编辑关注和思考。

总之，文化批评类图书对策划编辑所造成的第一个困惑就是其主体身份不得不经历一种从“一”到“多”的裂变，也就是从原来熟悉某一学科领域到尽可能多地了解更多学科领域。这种身份的骤然拉伸和延展，对于当前条件下的策划编辑来说确实还不太容易适应。

其次，文化批评不仅具有天然的跨学科特点，而且跨越了专业和通俗两种读者市场，这同样给传统的选题策划工作带来了一定的困扰。文化批评所谓“文化”是别有蕴意的。传统意义上的文化是指一定地域内的器物、制度、价值观念等的总称，而且它以主流和精英阶层为主导；但文化批评意义上的文化是“由‘普通’男女在日常生活中与日常生活的作品和实践相交流过程中创造的，它的定义应该是他们‘活生生的经历’”。[1] 也就是说，文化不再仅仅作为崇高的价值观和社会上层人士的高雅趣味，而是由普通男女的日用饮食、生活起居所组成，这样一来，举凡休闲、健身、美容、上网、旅游等都具有了文化的意味，文化与普通大众息息相关，它也就是大众文化、流行文化或通俗文化。这样的内容一旦以图书的形式确定下来，显然会对普通读者尤其是部落群体产生一定的吸引力。

可见，文化批评类图书由于对普通大众的日常生活投入了前所未有的关注，它不仅是跨学科的，而且已经进入专业和通俗两种读者市场。这无疑又给选题策划出了一道难题：如何在这两个市场之间抉择？众所周知，市场定位对于选题策划工作来说至关重要，它会牵涉图书的内文风格、文案设计以及市场投放等关键问题，而且直接决定了选题开发，对于本版图书作者队伍的组建以及引进图书的准入标准、翻译要求等都有重要影响。

最后，文化批评连同作为其理论基础的文化研究在国内很多大学的学科建制

---

[1] 约翰·斯道雷. 文化理论与通俗文化导论［M］. 杨竹山，等译. 南京：南京大学出版社，2006：58.

上都已经被接纳，受众规模逐渐增大，国内出版社也引进开发了部分选题，但这些选题大都重在对理论引介的文化研究，而忽视了对应用实践的文化批评。这对于选题策划来说，显然既是一个机会，也是一种挑战。

在学科建制上，首都师范大学率先成立了文化研究院，上海大学成立了文化研究系，同济大学和四川大学成立了文化批评中心，复旦大学、北京师范大学都有相关的研究所或学科方向。在出版物上，《文化研究》和《热风学术》是国内两个具有代表性的连续出版物。在大型选题上，中国社会科学出版社引进出版的“知识分子图书馆”系列达 33 种，南京师范大学出版社引进出版的“学术棱镜”系列有近百种之多，还有译林出版社的规模更大的“人文与社会译丛”系列。但这些出版物都明显侧重于理论引介，鲜少对具体现象进行描述分析。

国内以文化批评为主题的系列丛书，目前只有三套：一是由北京师范大学张柠教授主编、花城出版社和重庆大学出版社出版的“刀锋文丛”系列，该系列的作者团队包括文化学者、媒体人、诗人、音乐人等，内容广泛，涉及新闻时事、休闲、饮食、电影、时尚等，已出版十数种；二是由旅美学者李陀主编、江苏人民出版社出版的“大众文化批评丛书”，内容包括青年文化、娱乐文化、酒吧文化、电子文化等，共 10 种；三是由苏州大学出版社出版的“新媒介与青年亚文化丛书”，包括拍客、恶搞、御宅、迷族、网游等主题。这些出版物主要围绕具体的大众文化现象，主题鲜明，文风平易，对研究人员和普通读者都有一定的吸引力。这样的选题能焕发出市场活力，可惜在国内出版市场并不多见。

综上，理论探讨有余，而描述分析不足，这就是文化批评类图书的现状。这类出版物在结构上的失衡，一方面固然与它作为新兴学科在国内起步较晚有关，另一方面也与目前条件下的选题开发不力、准备情况不足有关。文化批评的跨学科、跨主体、跨领域等特点，不仅给策划主体带来了身份裂变，也需要策划编辑具有抓住两类人群、兼顾两种市场的敏锐眼光，同时还要准确判断策划信息、做好文案宣传和市场投放等工作，而这些都需要丰富的经验和专业的知识，因此这类选题的巨大读者市场目前只能处于半空置状态。

总之，一方面市场前景广阔，另一方面选题开发不足，这就是文化批评类选题当前的实际情形。如何利用好、开发好这类选题，显然需要我们给予关注。

## 二、文化批评类选题的应对方案与启示

由于文化批评类选题目前在国内尚处于起步阶段，我们只能根据以往相关选题的策划经验、编辑策划理论以及现有的条件等来提出一些应对办法，这些办法可能主要针对总体性问题，在具体的策划实践中只有一部分被选用。实质上，那些比较成功的文化批评类策划选题，正是这些办法的重要组成部分。具体内容如下。

首先，面对其跨学科和跨主体的特点造成的策划主体身份分裂的问题，我们必须从策划编辑自身入手，练足内功，夯实基础，尤其要关注以下三点。第一，广泛研习相关理论知识，可以不必精专，但务须广博。由于文化批评涉及的学科门类多而杂，策划编辑需要了解相关学科的历史发展、代表人物及主要的理论知识。只有努力填充自身的知识空缺，才能有效弥合策划主体的身份分裂。第二，具备一定的外语基础，充分利用引进选题。由于文化批评在国内的研究目前还处于起步阶段，可利用资源相对比较匮乏，所以需要好好利用已经比较成熟的引进版图书，这样既能填补图书市场的空缺，也能从中学习宝贵的策划经验。因此，外语就显得非常重要。第三，跟紧理论进展，及时获取策划信息。建议出版社订阅文化批评类的研究期刊，购买一定的参考书目，并鼓励策划编辑多参加相关的学术会议。这些都是获取前沿策划信息的重要来源。

其次，充分调动出版社的人力资源，努力沟通协调学术界和出版界之间的关系。之所以这样做，是因为目前已经出版的文化批评类图书，主要都是学术界和出版界联合策划的，而且其中发挥主要作用的往往是研究者，而不是策划编辑。比如，策划出版“人文与社会译丛”系列的刘东教授，策划出版“学术棱镜”系列的张一兵、周宪教授等，都是该领域屈指可数的大家，他们对选题本身的把握可能比较深刻而全面；但在读者市场、文案宣传、销售前景等方面，则需要出版社作出更周密的安排。这样就有了学界和业界之间的合作与互动。因此，建立并维护好与作者团队之间的合作关系是做好这类图书选题策划工作的一个非常重要的方面。

再次，密切观察大众日常生活，深入调研读者市场，积极开发本土选题。尽

管合作策划选题比较常见，但这并不意味着策划编辑就因此而陷于被动状态。深入了解和认识大众日常生活的主要目的在于考证或提炼出至关重要的策划信息，这些信息是新选题的重要增长点。围绕这些信息，策划编辑可以组建自己的作者队伍，让研究者着眼于实际问题来参与本土写作，从而打造出让读者大众更易于接受、喜闻乐见的选题。

最后，对于“两个市场”的问题，文化批评类选题可以有所偏重，但尽量不偏废。所谓“偏重”要根据具体文本来判断，学术意味较浓的文本在文案策划和市场投放上要偏向于学界，但如果依然有普通读者的接受空间——这一点文化批评类图书一般都比较明显——可以在写作和翻译风格以及文案宣传等方面作出适当调整或展示；正是由于这类选题与普通大众的日常生活紧密相关，所以尽可能不做偏废一端的决定。

事实上，就其内容特点来说，文化批评可能是迄今出现的消除专业读者和普通读者两个市场之间传统壁垒的最好的桥梁。完全通俗化或完全专业化的选题当然都是无可厚非的，但对于市场接受，文化批评可以而且需要作出打通两个市场的尝试。就像“百家讲坛”“罗辑思维”等视频节目所做的可贵尝试一样，文化批评在纸质文本上最有希望，也最有可能作出这样的努力。

由以上论述可以看出，文化批评类选题横空出世，它本身就是一个不可多得的研究标本，洞开了一个前所未有的读者空间，可以容纳更多的选题创意。因此它对于选题策划具有重要的启示意义，主要包括以下内容。

第一，在面对一个内容较为庞杂且比较陌生的策划选题时，必须充分调动各种可利用资源，其中借力于专业研究者，探索以研究者策划为主、以策划编辑策划为辅的合作策划方式是一个不错的选择。但合作策划并不意味着被动接受，一方面出版社和策划编辑必须在涉及文本质量、宣传、市场等编辑出版专业问题上使上力、把好关，另一方面在合作中，不仅要取得成果和收获友谊，也要获得进步和提高。

第二，任何时候都不能放松对策划编辑职业素养尤其是专业素养的培养，这牵涉到一个出版社能否抓住机遇、利用机遇的重大问题。策划活动从来都不单单是文案功夫，任何喷薄而出的创意、灵感的纵深处，都有文化、知识和学养的深厚岩层。

第三，“两个市场”的贯通是未来出版界的一个重要动向。正如前述，在很多网络视频和电视节目中，传统意义上称为纯学术的国学、科学等都已经成为普通大众的重要文化消费对象，很多媒体人为此做出了可贵的尝试；而与大众日常生活有着亲缘关系的文化批评，其知识性和趣味性俱佳，当然也应该把握住这个动向，打通两个市场，尽量满足读者大众的文化消费需求。

## 第三节　现代图书编辑活动发展创新及其特点

从宽泛的意义上来讲，编辑活动是指在一定的社会文化语境中，编辑主体依据自身的技术、知识和经验，结合市场需求和受众趣味进行策划、组稿、文字编辑、版式设计等，以形成符合一定指标规范的纸质、音像或数字文本的符号性、创造性活动。其中，编辑主体即编者或编辑，在某种意义上，编辑主体既联通了读者和作者，又是这二者本身；文本是指编辑活动的对象，根据不同的阐释向度，文本亦作原稿、作品或源文本；社会文化语境，这里指的是特定的编者和文本的存在语境。编辑主体、文本及社会文化语境这三者共同构成了编辑活动的结构性要素，三者之间紧密相关、密不可分，这一关系模式使编辑活动呈现如下特点。

### 一、编辑活动是一种交互性活动

编辑活动绝不是传统意义上所理解的编辑主体对文本客体的单向度的加工。诚然，编者以其技术规范和个性风格改造了文本，使文本存在于具体的操作场域之中，并最终被纳入特定的指标规范体系。但是，事实上，不仅任何具体的操作主体和客体对象都存在于召唤和被召唤的关系模式之中，而且，每一个被惊艳到的文本自身的知识也将被深深嵌入主体性结构之中，成为其不可分割的一部分，这部分又将进一步转化为编者的知识经验或“先结构”，从而不断地拓宽其接受空间，进而将其带入编辑活动中来，如此反复，以至构成了一个无限开放的循环结构。不只如此，在编辑活动的结构要素中，文本与文本、文本与语境、编者与编者等的关系莫不如是，这种关系模式正如学者所言："60 年来的编辑学研究发现，编辑主体在架构文化媒介的过程中，其主体性往往并不表现为单一的、孤立的个体独创性，而是与创作主体、复制主体、阅读主体等交互启发、协力推进的组合性创构。其创构的成果（即上文所谓文本——引者注），也是具有共生性和交互性的媒介。"❶ 在此意义上，编辑活动就是密密交织的编辑关系网络的展开过程。

据此，编辑学研究，从根本上来说就是一种编辑关系研究，它要探讨编辑活动的各种构成要素以及它们之间错综复杂的网络关系，而不是传统意义上所理解的单纯的编辑主体对文本客体的审读、编排、设计等具体的工作环节。这些环节在整个编辑学理论架构中固然不可或缺，但它远不是全部，更不是全部的重心所在；仅就编辑关系网络中编辑主体与文本客体的关系而言，编辑学就不仅要研究"编者向文本的生成"问题（这是传统逻辑的进路），而且要考查"文本向编者的生成"问题，即编辑主体所历经的实践过程对其自身的经验性塑造，这也就是上文所述文本知识对编辑主体经验结构的植入，以及由此造成的两者之间的循环关系结构。显而易见，编辑主体和文本客体各自都不是封闭性、对立性的存在，而是一种相互融入、相互包容、相互依存的交往过程。

## 二、编辑活动是动态性生成的，而不是一种现成的存在

编辑活动是一种交互性的关系网络的展开过程，这也就意味着，一旦进入编辑关系网络，或者说，每一个独立的编辑事件一旦发生，编辑主体、文本及社会文化语境这三个要素必然都将变换其现成性的存在方式，进入具体的编辑情境：首先，作为编辑主体，编者必须克服日常性，正如我们所了解到的那样，一切私念、松散、怠惰等现成性的缺点都不被鼓励带进编辑活动中来，因为这完全不利于真正的"编辑主体"的生成；其次，作为编辑对象，文本必须克服其物理属性，即能指锁链必须实时地转化成所指意义；最后，作为编辑语境，外在世界及

❶ 王振铎，刘大年. 编辑学研究 60 年的学术发现［J］. 北京联合大学学报：人文社会科学版，2010（1）：108-114.

其关系（包括物理世界、意识形态、市场环境、编辑指标规范体系，等等）的客观实在性必须克服，成为知识经验，或者说，成为存在于编者意识中的知识“文本”，并参与到具体的编辑实践中来。可见，基于编辑活动自身的规定性，编辑关系网络一旦被打开，它的结构要素必然会脱离其现成性，各自生成为编辑过程中的具体的活动要素。

强调编辑工作的生成性，将编辑工作指认为一种“活动”，或者说一种马克思主义意义上的具体“实践”，本质上都是在力求证明编辑工作是一种动态性、过程性和事件性的行为，它绝不是孤立静止的等待编辑主体前来改造和排定的文本客体；相反，主体和客体只有在其本质功能实现的过程中才真正存在。编辑主体不是任何意义上的主体，而只是编辑作业中的主体；同样，文本客体既不是一堆现成的字迹、凌乱的稿件，亦不是一本已审定的成书，而是这两者被编辑主体编辑时所生成的存在物。强调编辑活动的动态性和生成性的特点是非常重要的，在理论上，这是对编辑工作的一个重要的认识论转变；在实践上，它高度强调了编辑工作中各种构成元素的必要性及其复杂的动态性关系，从而避免了对编辑工作进行孤立、静止和简单化的线性理解，而且说明了具体编辑工作过程一定程度上的非特定化、非确定性特点。

### 三、编辑活动是一种创造性的符号操作活动

编辑活动不是自我封闭的、静态的结构系统，而是一个多维交叉的、不断生成的过程，这种交叉性和生成性决定了它必然是一种向未来开放的、充满不确定性因素的创造性过程。编辑活动就是将编者的知识、创想、才情、趣味、追求、理想等贯注于具体的筹划、整理、采录、润饰、撰修、编排、审定等编辑作业中去的创造性过程。但是，这一过程又不同于劳动创造和真正的艺术创作，它与前者的区别在于，编辑活动的操作手段不是纯粹物质意义上的劳动工具，而是被精神化了的符号工具；与后者的区别在于，艺术创造的符号是自我指涉的能指系统，也就是说，艺术符号作为“审美符号……并不指称外在事物，它仅指自身……艺术传达的事物是超现实的审美意象，它没有外延，不是抽象符号，而是

独一无二的艺术形象”。[1] 而编辑活动中的符号系统则与此不同，它是能指和所指的交互指涉，能指符号并不具有完全的自足性或自洽性。虽然编辑符号系统由于牵涉到艺术文本而变得比较复杂，但是，即便是对于纯艺术文本的编辑加工，也决然不同于读者式的纯粹的无功利的静观，因为编辑活动同时也是一种物理实践，它要实时地对能指符号的秩序、语法、修辞等进行调理、修正和改观，以将之纳入特定的指标规范体系。编辑活动的这一物理意义上的实践操作的存在，使编者从根本上不能完全达到作者和读者所能领受到的高度的审美快感，这是一种无法实现纯粹静观、保持必要的审美距离的活动，在此，不断被分割、被打断的编辑过程使得编辑主体的经验意识中无法生成一个完满的审美意象，因此，也就上升不到传统美学所设定的超越性的那种“永恒的彼岸”或“源初存在境遇”。在上述意义上，编辑活动既不同于劳动创造，也不同于纯粹的艺术创造，它介于两者之间，是一种在符号理性支配下的精神创造活动。

对编辑活动的这种创造性和美学性的理解是非常必要的，它表明编辑活动在本质意义上也是一种美学实践，尽管它未必是一种纯美学的艺术创造活动，但一旦它具备美学的本质属性，也就意味着其实际作业过程必须将美学的原则和元素引介进来，否则就是一种脱离或违背其本质性规定的“非法操作”，最终的结果必然会带来“不合法”的产品，进而招致市场挫败。这一点在“日常生活审美化”日益盛行、美学向编辑行业不断逼近的今天，是非常重要的。编辑活动的这个特点为美学融入编辑过程提供了重要的理论依据。

以上，我们从哲学的高度深刻论述了编辑活动的一般特点，这些特点共同设定了编辑活动的本体性规定，它使编辑学区别于其他学科，也是普通编辑学首要的研究内容，而且，当普通编辑学被解域化为不同的分支学科或边缘学科时，我们认为，这些根本特点也应该得到实质性的保留，唯其如此，才能在不失一般性特点的前提下，在具体的学科视域中进一步探讨其特殊规定性。我们将这一点看作一个基本的知识学预设。

---

[1] 杨春时. 美学［M］. 北京：高等教育出版社，2004：130.

# 第二章

# 电视节目传播与创新

# 第二章
# 电视节目传播与创新

## 第一节　我国电视法制节目创造突破刍议

### 一、我国电视法制节目的特性及发展历程

#### （一）我国电视法制节目的特性

所谓电视法制节目（television legal program），即以电视为载体，借助电视的传播、制作和表现手段，以宣传法律和为受众进行相关服务为主题，以法治与社会生活方方面面的密切联系为切入点的各种形态的节目。[1] 从节目形态角度分类，我国电视法制节目的类型主要包括法制资讯节目、法制专题节目、法制纪录片、法制谈话节目、法制庭审节目、法制益智节目、法制文艺晚会、法制影视剧等。

我国电视法制节目有特殊的生存和发展环境。它的诞生、成长和发展都与我国的民主法治建设紧密联系，我国民主法治建设进程和我国电视法制节目相互影响、联系紧密，它直接“服从和服务社会主义的法治建设和依法治国的方略”。[2]

---

[1] 游洁，郑蔚．电视法制节目新论［M］．北京：中国广播电视出版社，2007：1.
[2] 胡智锋，尹力．电视法制节目：特质、创作与开发［M］．北京：中国广播电视出版社，2003.

我国电视法制节目当仁不让，成为普法运动的主要手段，其显著特征是发展快、受众面广、收视率高、社会功能显著、参与面广。[1] “可以说没有任何一种电视节目像中国的电视法制节目那样具有那么浓厚的启蒙色彩，以法治精神、理性精神对抗愚昧和落后的旧文化，促进中国由传统的‘礼俗社会’向‘法治社会’的转变，电视法制节目承担了重要的重塑民族文化心理，重塑精神的使命。”[2]

因此，不同于其他普通电视节目类型，“中国电视法制节目的性质主要表现在它的中国特性、电视特性和法制特性……这三者的有机结合构成了中国电视法制节目的性质”。[3] 中国特性、电视特性、法制特性三者不可偏废其一，否则节目将走进创作误区。当然，我国电视法制节目对推动国家法制进步的作用不单单局限于普及法律常识，还体现为从根本上提高公民的法治意识。我国电视法制节目的社会责任和存在价值，不仅体现为普法教育和大众参与，用生动直观的影像将原本枯燥的法律规则传达、阐释给大众，而且体现为监督法律的实施，维护公民的权益，推动法治的进步。

### （二）我国电视法制节目的发展历程

从发展历程看，我国电视法制节目经历了开创探索时期（1985—1993年）、成长发展时期（1994—1998年）、[4] 整合转型时期（1999—2004年）、繁荣成熟时期（2005年至今），目前已发展到比较成熟的阶段。笔者根据我国法制节目的演变情况，尤其以2004年12月29日CCTV-12社会与法频道的全新亮相为标志，确定了后两个时期的划分，进一步跟进和细化了当前我国电视法制节目研究中对节目发展时期的划分。本文意在分析“繁荣成熟时期”的我国电视法制节目创作中应该突破的地方。

---

[1] 范愉．电视法制节目与法制建设的互动关系［J］．南通师范学院学报：哲学社会科学版，2003（2）：23.

[2] 尹力，张小琴．论中国电视法制节目的文类概念与文类特征［J］．现代传播，2003（5）：50-56.

[3] 范愉．电视法制节目与法制建设的互动关系［J］．南通师范学院学报：哲学社会科学版，2003（2）：23.

[4] 前两个时期的划分和命名综合参考了胡智锋、尹力的《电视法制节目特质、创作与开发》一书第一章“中国电视法制节目建设的历史回顾”（中国广播电视出版社2003年版）；南京师范大学丁莉华的硕士学位论文《中国电视法制节目、现状分析及发展对策研究》第一章“电视节目的发展”。

随着我国电视法制节目的迅速发展，到2006年，经国家广电总局批准开办的电视法制频道共有9套，全国广播电视法制节目超过200个，节目形态日益多样，社会影响越来越大，覆盖全国的广播电视法制节目播出格局已初步形成。目前，国内形成一批比较成熟的电视法制节目，比如CCTV的《今日说法》《法治在线》，北京电视台的《法治进行时》，重庆卫视的《拍案说法》，福建教育电视台的《与法同行》。有关部门、电视从业人员以及社会各界对我国电视法制节目的关注度越来越高。然而，同时也出现了追求猎奇刺激和娱乐化倾向，出现低俗之风和片面追求收视率的做法。为规范广播电视法制报道，广电总局规定了以下禁止或限制类行为：广播电视法制宣传要严格控制绑架、纵火等严重危害公共安全案件和恶性刑事案件的报道；不得过细披露政法机关的办案细节、侦破手段等；不得对犯罪行为、作案手段、犯罪心理做过细描写与分析；不得披露凶杀、暴力、色情、恐怖等情节和场景；不得报道涉嫌犯罪的未成年人的姓名、住所、照片及可能对未成年人造成不良影响的各种内容。❶

上述“要求”对经历整合转型时期的法制节目起到指导性和规范性的作用。之后的法制节目在内容、形式等各个方面都有了创新性发展。我国电视法制节目进入“繁荣成熟时期”，其内容有了脱胎换骨、升级换代的改进。中央电视台社会与法频道成为繁荣成熟时期法制节目升级创新的“试验田”，同时也成为各地方电视台创作法制频道、栏目、节目的典型参照。在广大观众的支持下，经过几代法制电视人的努力，我国电视法制节目创作取得了令国人瞩目的成果，节目（栏目）面貌焕然一新。我国电视法制节目在“整合转型时期”的主要改进表现在以下几方面。

第一，改变过去不重电视可视性，一味“宣讲”的传播方式，更加认识到节目的“电视属性”，画面艺术表现力增强，并开始关注法理性和可视性、纪实性、评论性之间的关系。第二，节目出现不符合法律规定的报道的现象大大减少。创作队伍整体法律素养和专业素质的提高，使法制节目（栏目）更加专业

❶ 周婷玉，胡锦武. 广电总局：法制报道严防追求刺激和娱乐化倾向［EB/OL］.（2006-11-17）［2013-10-15］. http://www.gov.cn/jrzg/2006-11/17/content_445751.htm.

化、法制化。第三，保护未成年人肖像权、名誉权的意识不断增强，在节目中加强对未成年人人格权利的保护。第四，节目形式增多。法制节目已经不再仅限于法制讲座、纪实庭审和说法类，其形式开始变得多样化。第五，以央视为代表的我国法制节目越来越注重与百姓生活息息相关的法制题材，且题材形式多样化。第六，互动方式从线性互动变为立体传播。以前，创作者虽然意识到法制节目与受众互动的重要性，但是受通信技术的制约，最早只能采用信函的形式互动，后来发展到通过电话互动。进入成熟繁荣期后，通信方式变得更加方便、快捷和多样化，因而互动方式也从过去的线性传播发展为立体传播，视频连接、手机短信、网络论坛等成为节目与观众互动的新媒介。

## 二、当前我国电视法制节目存在的主要问题及其原因分析

经过“转型时期”的整合，近年来，我国电视法制节目总体面貌有很大改观，节目数量、质量大幅提高，但依然存在一些问题。

### （一）节目选材比例不当，有狭窄化倾向

同质化问题是许多电视节目（栏目）的通病，我国电视法制节目在题材选择上也不例外。为了抢先一步，先别人而行，或采取与别人不同的做法，他们在手段上相互效仿，所以最终大家都在做同一件事，那就是追求排他性，但在其他地方、其他场合却导致千篇一律和平庸化。[1] 同时节目选材狭窄化倾向明显，比例不当，缺乏广泛性。

（1）刑事类案件较多，民商事案件较少，行政类案件更少。这主要是因为民商事案件往往纠纷繁杂，媒体从报道、收视效果考虑，更倾向于制作大众感兴趣、事件吸引力强、故事性强、更能达到“触目惊心”效果的刑事类案件节目。行政类案件不仅缺乏刑事类的高可视性与易展示性，还有可能面对公权力的压力，司法部门考虑到导向性或者当地一些政府部门的压力，给电视台提供的案源较少，导致这方面的选题也较少。

[1] 皮埃尔·布尔迪厄. 关于电视［M］. 许钧，译. 沈阳：辽宁教育出版社，2000：7.

（2）追捧大案要案，忽略地方、群众小案。首先，为吸引眼球、追求卖点，社会热点案件成为众多电视台法制节目的首选题材，结果导致选材雷同，内容更是相差无几，新意缺乏。其次，大案要案由于已有定论，相关同类报道资源丰富，故创作上较为简单，操作性也很强。

（3）关注实体法，忽视程序法。首先，这是因为我国传统法制形态对大众的影响。古代中国，“没有出现过独立的司法机构或法学，县令集警察（他要拘捕罪犯）、起诉人、辩护律师、法官、陪审团的职责于一身”[1]，故大众法律程序意识不强。其次是因为程序违法案件与实体违法案件相比，表现得更为隐蔽、轻微、抽象，因此媒体认为其展现难度较大。

（4）对农民、未成年人群体关注较少。长期以来，我国电视法制节目并没有把农民和未成年人定位为特定的关注人群和收视人群，只有极少数节目涉及与农民和未成年人有关的案件，并且都是作为一般案件进行报道，其视角、重心未专门放在这两类人群身上，没有重视他们的社会主体性地位。

**（二）节目法制含量不足，内容泛化**

所谓电视法制节日的法制含量，是指电视创作人员通过节目传递给受众的法律知识、法律精神或法律信息有效成分的多少。新闻节目告诉人们的只是案件的发生、过程、结果和影响；而电视法制节目除了包含上述元素，更为重要的是，通过案件报道反映其所涉及的法律问题、法律关系和法治精神，它追求的应是普法的责任感和使命感。

当前电视法制节目往往注重对案件本身的报道，对案件发生的过程描述过多，这自然与前文提到的“关注刑事类案件较多”的状况有密切关系。虽然暴力、血腥以及抓捕行动的紧张刺激情节和画面能迎合观众的猎奇心理，可达到吸引观众的目的，但也降低了节目的法治含量。如果将大量篇幅用于展示犯罪细节和犯罪过程，集中力量表现案情，一定程度上就会弱化对案件的深入分析和评论，无法达到法治宣传和教育的作用，反而会产生一系列负面影响。

[1] 兰比尔·沃拉．中国：前现代化的阵痛：1800 年至今的历史回顾［M］．廖七一，等译．沈阳：辽宁人民出版社，1989：26.

为了提高画面表现的可视性，节目时常采用“情景再现”的方法，将过去发生的案件或者设想的作案情境，用模拟再现的方式生动演绎，以增强叙事的具体性、形象性。为此，一些节目刻意渲染离奇、暴力、血腥等场景，详细展现警方的侦查手段，有意或无意间泄露了公安机关的机密，结果给犯罪分子了解侦破方法提供了机会，提高了他们的反侦破能力，从反面为伺机作案者提供了办法和对策。例如，2002 年 2 月 28 日发生在北京市顺义区万科花园的“2·28”特大盗窃案，罪犯李风、张大风在“实施犯罪前，两人每天准时收看《法治进行时》节目学习反侦察手段”。[1]

目前，法制节目“对案件发生的社会背景、犯罪嫌疑人的犯罪动机和心路历程等深层次的东西挖掘不够，没有更好地探讨案件为什么会发生，怎么样能避免类似案件的发生”，[2] 也没有很好地追寻案件对立法和司法的启示等。法制含量不足不仅表现在法律知识的传播方面，还表现在阐释法律的精神和内容，法后面的“理”，以及法律的社会经济、政治、文化渊源不深等多方面。法制节目有时还出现内容泛化，甚至背离“法制”主题的问题。2008 年的《今日说法·百年琉璃厂》展示了“一条长不足一公里的街，讲述的是数百年长的文化史，历尽风雨的琉璃厂，古香古色的文化街，现代人的寻梦之地”。整期节目只字未提“法”，没有任何与法律有关的内容，仅仅是一期介绍北京琉璃厂的专题片，一些法律界人士认为，该片是“挂羊头卖狗肉”。

**（三）节目形式有同质化、娱乐化倾向，缺乏人文关怀**

虽然法制节目改变了探索时期节目形式少、缺乏专业法制频道的面貌，形式比以前丰富，出现了一些优秀节目，但是，在一些品牌节目的带动和影响下，简单的“克隆”和模仿节目逐渐增多。

与此同时，为追求收视率，法制节目也出现了娱乐化倾向。所谓法制节目娱乐化，是指在市场导向下法制节目以盲目追求收视率为目的，曲意迎合大众欣赏

[1] 卢国强，方刚．瘾君子看《法治进行时》研究反侦察［N］．京华时报，2002-04-08（A05）．
[2] 董莹．浅谈法制节目的现状与发展趋势［J］．理论界，2009（1）：174．

视觉，以娱乐大众为根本目的和宗旨的行为与做法。[1] 法制节目娱乐化倾向表现为节目低俗化：第一，从杀人、放火、抢劫、强奸一类的恶性刑事案件和婚外情、卖淫嫖娼、贪污受贿这样的社会阴暗事件中获得题材的“娱乐”；第二，从节目画面和音响的过度表现和刻意渲染中获得视听效果的“娱乐”；第三，从背离“法治精神”和“人文关怀”，暴露他人隐私中获得充当看客角色的“娱乐”。低俗的娱乐化倾向违背了法制节目寓法于乐、寓乐于法的初衷。

我国电视法制节目对推进法治建设、宣传法制成就发挥了重要作用。但是，不少法制节目存在政治关怀有余、人文关怀不足的问题。节目政治色彩和教化、说教功能很强，内容与受众的迫切需求关联不大，行业色彩和宣传灌输的味道较浓，姿态和语气盛气凌人，缺乏对民生价值的真切关怀，这显然不能完全适应新时代受众的需求。

**（四）法制节目对当事人权利的保护力度不足，与司法的关系处理不当**

不少电视法制节目对当事人肖像权、姓名权、荣誉权等权利的保护重视不足，致使当事人权利受到侵害。例如，一些节目在对案件事实进行深入报道时，对受害一方的形象和隐私曝过多光，用特写镜头详细描述当事人的亲属，置受害人的尊严于不顾，尤其是妇女和未成年人群体的受害人。虽然不少电视法制节目在报道涉及未成年人犯罪的案例时都采取了化名、模糊面部等措施，但这远远不够。一是由于节目制作人员粗心大意，对未成年人面部的马赛克模糊处理常常时有时无，或者因画面中未成年人的位置有移动而使其肖像显示出来。二是节目创作者忽视了画面中“可能推断出该未成年人的资料”。《未成年人保护法》第五十八条规定：“对未成年人犯罪案件，新闻报道、影视节目、公开出版物、网络等不得披露该未成年人的姓名、住所、照片、图像以及可能推断出该未成年人的资料。”因此，在制作涉及未成年人案件的节目时，应该切实做好对未成年人权利的保护工作。

传媒报道司法活动，既是新闻自由在司法领域的体现，也是社会舆论监督司

[1] 孙永兴. 评析法制节目娱乐化的危害［J］. 电影评介，2008（5）：83.

法的一种方式。客观、适当的传媒报道有助于促进司法公正，而不当的报道不仅会妨碍司法公正，而且可能造成负面的社会影响。目前，一些电视法制节目存在过度介入司法活动，甚至歪曲报道妨碍司法公正的现象。（1）超越司法程序抢先作出定性报道；（2）煽情性的热炒；（3）显失公正平衡的报道；（4）用道德的标准评论法律问题。法制节目如果秉持道德化话语立场，倾向于形成建立在情感判断基础上的道德结论，就可能触发公众的无理性情绪，站在传媒一边批评司法，从而妨碍司法公正。当然，司法机关利用职权，干扰新闻采访活动，拒绝新闻媒体监督的现象也时有发生，这同样需要警惕和进行深入探讨。❶

## 三、我国电视法制节目创作突破的思考

### （一）细化受众、分别定位，全面拓展节目题材、内容

法律关系到社会中的每个公民和组织，法制节目应该“面向全社会”；法律体系中的各种法律法规，对社会和社会中的人发挥作用，法制节目也应该“面向所有法律”。电视荧屏上的法制节目应该分别适合社会各阶层的人观看。因此，我们需要制作适合不同年龄、职业、学历、群体等各类观众的电视法制节目，达到直接服务受众的目的，从而更好地发挥普法等作用。笔者认为，通过细化受众、分别定位来制作法制节目，主要应完善以下几类法制节目。

一是未成年人和老年人的法制节目。未成年人是普法的重要主体。未成年人法制节目专门关注未成年人在成长过程中的教育、犯罪、抚养等法律问题，紧密结合我国《未成年人保护法》《义务教育法》《预防未成年人犯罪法》等法律法规展开，主要受众定位为未成年人及其监护人。老年人法制节目专门关注老年人晚年生活中的法律问题，如赡养、消费，不法分子针对老年人的各种诈骗、侵权等问题。

二是农民工法制节目。面对农民工这个特殊群体，应该从法律角度关注农民工权利保障、子女教育、预防犯罪及国家对农民工的政策等问题，既帮助农民工

❶ 王仁忠. 电视法制节目的发展策略［J］. 现代视听，2008（4）：71.

依法维护自身权利，解决实际问题，又从源头上减少农民工犯罪，从而维护社会的和谐稳定。

三是法律专业人士法制节目。这类节目应该明显与常规法制节目有所区别，受众定位为从事法律工作的专业人士，如法官、律师、法学专业学生以及政府决策者等。节目内容较之一般法制节目更具有专业性，关注法律更深层次的问题，指导法律从业人员的理论和实践工作。

细化受众虽然在特定阶段可以突出某些群体，但是整体上应当尽量以“全面”为目标，这样，不同阶层、群体的“社会中的人”都能通过电视法制节目学习到自己最需要的法律知识，并用它来解决自己生活中常遇到的问题，真正实现受众的“各有所得”。

与此同时，我们需要全面拓展节目题材及内容，控制法制节目选材的比例，改变当前过于偏重刑事案例报道的倾向。不仅要重视民法、经济法、劳动法等在日常生活中与人们的自身利益密切相关的案件，还要重视和关注与立法、执法有关，特别是与依法治国、依法行政有关的栏目。因为电视媒体在推进政府依法行政方面有不容忽视的特殊作用。它不仅可以加大行政法律知识的宣传和普及力度，改变偏重普“治民之法”，忽视普“治权之法”“治官之法”的倾向，而且可以通过电视节目有效地监督政府。同时，还可以进一步提高公务员对依法行政的关注度和依法行政的能力，使普通公民对政府的运作有更多的关注和监督，从而促进政府依法行政。

### （二）明晰节目的创作理念，丰富节目的创作形式

根据电视剧市场收视调查，“播出比重小于收视比重的节目类型有新闻/时事、综艺、电视剧、体育、电影，其中电视剧在所有节目类型中的播出比重低于观众收视比重的幅度最大，达到 58 个百分点”，[1] 这表明，影视剧（电影、电视剧）已经成为观众收视需求最为强烈的几种电视形态之一。这不仅是因为影视剧能满足观众的娱乐消遣需求，也是因为近年来许多电视剧贴近生活或者直接反映

[1] 邵奇．试论当代中国电视剧的传播理念［D］．上海：复旦大学，2004：73.

老百姓的日常生活，人们普遍认为可以从中“学习生活”。哥伦比亚大学广播研究室的 H. 赫尔卓认为，尽管影视剧在人们看来是一种娱乐形式，但有不少人认真地把它作为“生活的教科书”，这既反映了听众动机的多样性，又说明了一种节目形式具有多种功能，有些甚至是一般人料想不到的功能。[1] 因此，在电视法制节目创作中，应该结合观众的收视需求，关注民生价值，注重法制影视剧的创作。

我国电视荧屏也出现过不少法制影视剧，即我们经常谈论的“涉案剧”。遗憾的是，不少法制影视剧存在不少致命的瑕疵，除了人们熟知的凶杀、暴力镜头，更大的隐患在于它们对观众的潜在影响：可能导致人们对司法机关的形象和作用产生曲解和误读。[2] 笔者认为，法制影视剧切忌走进通过刺激画面、离奇故事情节来吸引观众的创作误区，而应该真正反映老百姓日常生活中的大事小事。“民生”即为热点，应以展现生活故事的方式向受众传播法律知识和法律精神。值得一提的是，我国香港 TVB 出品的《老婆大人》一剧，以一名法官高希敏的日常法律工作、家庭生活、社交生活为主线，将不同的个案，如公共区域晾晒衣物、年轻人使用他人“老年一卡通”免费卡等常见又容易被忽略的违法行为安排在故事情节当中，同时贯穿法官高希敏和丈夫、家人以及朋友的真情故事，让观众在反映生活、充满感动的故事情节中学习法律知识，潜移默化地提醒市民注重公民意识，避免出现稍不留神就触犯法律的情况。另外，该剧在每一集结束的时候，法官高希敏都会介绍一段法律知识，比如日常生活中要注意的法律问题、市民诉讼要注意的事项、法律救济方式等，这些内容可以让观众轻松地了解到和自己有关的法律知识和民生法律状况。

美国法制频道 Court TV 于 2008 年 1 月 1 日正式改名为 Tru TV。其原因是 court（法律）一词对于普通观众来说太严肃，也不能涵盖节目的宗旨。而 Tru（即 True，意为真实的）更能表现该频道的节目内涵。Court TV 的许多节目在提

[1] LOWERYSA，DEFLEURML. Milestones in Mass Communication Research：Media Effects [M]. 3rd ed. New York：Longman Publishers USA，1995：111.

[2] 李缨，度继光. 法制电视剧对司法形象的误读浅析 [J]. 四川省政法管理干部学院学报，2005 (1)：54.

供案件事实以外，还从犯罪心理学、刑侦学等专业角度来对案件做出深度阐释。它的大多数栏目都由法律界的资深人士主持，包括犯罪心理学家、著名法官、侦探、法医，比如著名的华裔刑事鉴定专家李昌钰博士。改版后的法律频道提出了一个全新的主张："不仅是真实，而且是现实"（Notreality，Actuality）。该主张的具体内容包括三个部分：遇见真实的人群而不是演员（Meettherealpeople-noactors）；获得真实离奇的故事而不是杜撰（Gettherealstory-cannotmakethisstaff）；看到心动的真实生活的影像（Watchheart-poundingreal-lifevideos）。这一口号表明，美国法律频道将从第一人称的角度聚焦现实生活。各个栏目也做出了相应调整：不是从那些受人关注的案件以及法律知识的普及入手，而是用故事——普通民众生活当中的法律故事来教育人们，当然也是为了便于观众从节目中找到实际生活与法律之间的连接点。❶ 显然，这样的普法节目更能被大众接受。

同时，我们应当进一步丰富法制节目的创作形式，使之更加多样化。虽然取得良好效果的各种电视法制节目新形态可以适当推广，但需要注意的是，应当根据节目内容的需要采用不同的形式，不能千篇一律。在新频道开播之初，"模仿或照搬"是不可避免的，但在不断积累和总结经验之后，必须有创新，否则，节目就会失去生命力。目前，国内法制节目的主要形态有法制资讯节目、法制专题节目、法制纪录片、法制谈话节目以及法制益智节目，而法制益智节目仅仅局限于法律知识竞赛和判案竞猜两种形式，未进行深入开发。美国法制频道 Court TV 几乎囊括了除模拟法庭以外的全部美国法制节目类型，有新闻和专题、谈话、影视系列剧、纪实类、真人秀、教育和游戏类等。相对而言，我国电视法制频道在节目类型相对较少。❷ 即便如此，美国法制频道 Court TV 仍在不断创新，2008 年正式更名为 Tru TV。改版后的法律频道在保留原有优势节目的同时，又打造了一批全新的极具真实性的纪录片和系列影视剧。❸

需要注意的是，我们要重视利用传媒科技创新节目互动方式。当前高速发展

❶ 周根红．美国法律频道改版的内容特征及策略［J］．电视研究，2008（9）：70-71.

❷ 谢耘耕，周聘芬．法制频道——喧嚣后的沉寂［J］．新闻界，2005（5）：31-32，40.

❸ 周根红．美国法律频道改版的内容特征及策略［J］．电视研究，2008（9）：70-71.

的信息产业和传媒产业为电视节目的互动提供了更多的可能，尤其是进入三网合一时代，“互动传播对电视法制节目来说更为重要，因为它可以有效传递法律信息，解答法律疑难，提供法律援助，从而最大限度地满足观众的需要”。[1] “互动”将成为电视发展的新动力。

**（三）增强专业性，提高节目的法制含量**

法制栏目的创作人员不但要学习新闻理论和基本技能，还要掌握系统的法律专业知识。在节目制作过程中要体现对每一个人（包括犯罪嫌疑人）权利的尊重。另外，法制节目报道要有一定的深度，要透过现象看到事物的本质。为此，不仅需要传播案件所涉及的法律规定、法律知识，而且需要阐释相关法律的精神和内容，法后面的“理”，挖掘案件背后的社会经济、政治、文化根源，可以邀请有关专家、学者、当事人等参与案件的讨论，也可以让观众适当参与。我们不能忽视电视的视听功能，要重视节目的可视性，但是在表现上要考虑到“度”，要维持法理性和可视性的平衡，这对于运用“情景再现”手法是尤为重要的。

传媒报道和监督司法活动既是公开审判的要求，也是满足公众知情权的需要，意义重大。但是，相关报道应该尊重司法规律。因为司法程序非常复杂，它所认定的事实是法律事实，与纯粹的客观事实并不完全是一回事，非专业人员很难从法律角度对案件做出是与非的评价；我国新闻媒体尤其是主流媒体是党和政府的“喉舌”，在大众看来，传媒发表的意见就代表党和国家的意见。所以传媒应当遵循报道与评论分开原则，将正在进行的司法活动的反映严格限制在报道范围内，报道与评论分开，不搞夹叙夹议，不进行评论。[2] 2020 年 5 月 28 日，十三届全国人大三次会议表决通过了《中华人民共和国民法典》。我国第一次以法典的形式正式宣示新闻报道及舆论监督对他人人格要素的合理使用权，明确了新闻报道和舆论监督的豁免权，使新闻媒体在新闻报道、舆论监督工作中有法可依。上述规定也应该成为电视法制栏目创作的指导原则之一。

---

[1] 陆地，惠东坡．我国电视法制节目的现实挑战——以 CCTV《今日说法》为例［J］．电视研究，2009（2）：18-19.

[2] 景汉朝．传媒监督与司法独立的冲突与契合［J］．现代法学，2002（1）：98.

### （四）表达真善美，传递人文关怀

“真、善、美”作为基本的价值准绳，对生活中的一切事物都具有指导意义，传播法律精神与法律文化的法制节目应根植于此。长期以来，我国电视法制节目更多的是让观众感到法的惩治功能，很少让人真切地体验到法对人民权益保护的“法律关怀”。由于一些节目在创作上存在问题，如前文所述的画面、内容、表达方面的不妥当，令观众看后产生“难受”“烦躁”的感觉，这样的法制节目是失败的，只会起到消极作用。法制节目中的真善美的表达，体现为让受众“得到真的告知，善的教化，美的享受”。[1] 电视法制节目只有充满真善美的人文关怀，才能让法律知识和法律精神入脑入耳入心，让观众在接收信息的同时产生美感——正如马克思所说，在人类的物质生产和精神生产中，“人也按照美的规律来建造”。[2]

一些电视节目之所以感人，就因为它关注人物的命运，关注深层次的细节，在其报道中有浓浓的人性化的关怀。电视法制节目要想渗透人文关怀，首先要有对人的关注，特别是对人的生存状态和需求的关注；同时要有对人的尊重，对人性和人的价值的充分肯定和发挥。这就为我们在节目中如何挖掘人物心路历程，如何科学、理性地分析案例和法律问题，如何彰显人和法、法和理的关系提出了总要求。

不仅仅是电视法制节目，任何电视节目以及文艺作品，唯有“将人性上升到普遍性、抽象性、哲理性的角度来认识，挖掘根源，警示他人，扬弃人的异化，达成人性的复归，促成马克思所提出的‘人的全面自由的发展’”，[3] 才能受到人们普遍的关注。

法制节目最打动人的其实并不是法律，而是法律背后的情理。只有情理、法理交融的法制节目才是最好的法制节目。法制节目要保持自己的优越性，保持自己旺盛的生命力，就必须在节目创作的始终贯穿真善美，彰显人文关怀。

---

[1] 时统宇. 消息写作［M］. 北京：中国广播电视出版社，2002.

[2] 马克思. 1844年经济学哲学手稿［M］//中共中央马克思恩格斯列宁斯大林著作编译局. 马克思恩格斯全集：第42卷. 北京：人民出版社，1979.

[3] 姜依文. 电视传播的人文精神［J］. 现代传播，2002（1）：20.

目前，我国电视法制节目的创作理念和制作技术仍处于探索和发展阶段。我国电视法制节目的创作突破需要新闻理论、电视艺术及社会学等方面的专家学者的介入和深入研究。希望本书对我国电视法制节目后两个发展阶段的划分和命名能得到读者认可，分析的问题及提出的突破创作的意见和建议能对当前电视法制节目创作提供参考。

随着传媒业的整合，现代化媒介的飞速发展，我国电视法制节目的时效性和参与性得到增强，对社会现象和法律内涵的分析将更加深刻。笔者相信，在不久的将来，我们可以看到我国电视法制节目“百花齐放”的繁荣景象。

## 第二节　媒介生态视域下电视公益节目与和谐传播

电视公益节目是指以电视媒体为传播媒介，以谋求社会公众利益为出发点，关注、理解、支持、参与和推动公益行动、公益事业，推动文化事业发展和社会进步以形成扶危济困的良好社会风气，具有公益性质的电视节目形式。广义上，只要服务目的与宗旨具备公益性特点的节目都属于电视公益节目。[1]

2006 年及以前，公益节目在所有频道中所占比例较小，影响力有限。从 2006 年开始，中央电视台《圆梦行动》等大型公益节目的开展，让电视媒体以更为成熟的公众形象赢得了一片赞誉。2007 年被称为电视“公益年”，以娱乐节目争夺收视率的各地方媒体纷纷开始打造富有地方特色的公益节目，借以展开又一轮受众“注意力资源”的争夺。国家广电总局于 2013 年 10 月 12 日下发《关于做好 2014 年电视上星综合频道节目编排和备案工作的通知》，其中规定，公益性节目播出时长每周不少于 30%。近几年来，电视公益节目的发展是前所未有的，几乎每个电视频道都有自己品牌的公益节目。同时，公益节目也面临自身的调整和完善，传播价值有待提升。

电视热衷公益，带动了社会的广泛关注，包括相关的公益慈善机构、企业和

[1] 严三九，兰卉，季宸东. 2007 年中国电视公益节目发展年度报告［R/OL］. http://media.people.com.cn/GB/22114/147201/147208/8857944.html.

个人都积极参与其中。这一电视现象乃至社会现象引来了部分学者的目光，目前，学界对此的探讨多停留在对典型节目或节目现象的具体解析上，尚缺乏理论深度。本书试借助媒介生态学的理论观点，用“生态智慧”来观察电视公益节目在“人—媒介—社会”这三者构成的交互网络中所处的动态的坐标位置，以和谐传播这一新的诠释方式和研究角度，把握电视公益节目传播的宏观状况，在对现状的认识与反思中追求和促进电视公益节目的平衡、和谐、可持续发展。

### 一、电视公益节目的传播要求

媒介生态学是指用生态学的观点和方法来探索和揭示人与媒介、社会、自然之间的相互关系及其发展变化的本质和规律的科学。媒介生态学是人类处理“人—媒介—社会—自然系统”相互关系的生态智慧的结晶。[1] 媒介是人类社会的生态系统中的一个分支，它作为一种生活环境、传播环境必然影响着人类社会的发展。从其他层面来说，人类社会又是媒介的生态环境，它对媒介也产生着作用。在诸多力量作用下，媒介生态追求媒介生态效应与社会生态效应的双赢，力求达到一种和谐传播的状态。

和谐传播，就是指大众传媒和与之产生密切联系的各个社会子系统之间的关系处于一种良好的互动状态。即社会环境中媒介各个构成要素之间、媒介之间、媒介与其外部环境之间相互良性制约而达到的一种相对平衡的结构，是媒介生态系统整体协调从而达到一种稳定有序状态的动态过程。和谐传播在媒介生态中体现为媒介生态的各组成部分应以追求和促进媒介与环境的和谐发展为根本目的，来灵活地架构彼此间的关系。

笔者认为，和谐传播应是衡量公益节目传播价值的有力标杆，它主要从受众、媒介及社会的角度来考察公益节目的传播现状。和谐传播的实现程度映射出电视公益节目是否存在生态失衡的危机。要实现和谐传播，就要处理好人、媒介、社会三者间的关系，具体包含四个方面的内容，即恰当地建构好媒介与受众

---

[1] 邵培仁. 媒介生态学研究的基本原则［J］. 新闻与写作，2008（1）.

之间的关系、政府与媒介之间的关系、媒介与媒介之间的关系以及媒介自身内部各要素之间的关系。目前，公益节目的生存环境中有诸多有利于实现和谐传播的因素，但同时当下的媒介生态环境中依旧存在一定的“失衡”现象，这需要我们从媒介生态学的整体视野，以受众、政府、媒介三者为维度，以和谐传播为出发点和根本目标，来考察电视公益节目所处的生存背景，电视公益节目实现和谐传播所面临的有利因素和不利因素，并对其未来发展提出相应的建议。

## 二、电视公益节目的生存环境与和谐传播

### （一）受众生态环境

传播主体与受众是大众传播中的两个主体环节，和谐有序的传播效应的实现有赖于二者联系的不断加强，使得各媒介资源在两个环节间有序地循环行进，从而构成一个相互促进的资源循环链。在大众传播日益发达的今天，受众的主体地位愈加突出。大众传媒要赢得受众，就要贴近人物生活的社会背景，并在此基础上观察和表现人物命运、情感以及他们的深层心理，使传播内容与传播形式都更加适应受众的接受心理。

改革开放四十多年来，伴随社会物质财富不断增长而来的是现代社会日益分化的倾向的加剧。社会中的强势群体占据政治、经济、文化等方面的社会资源的优势，拥有社会主流话语权。在大众传媒中，弱势群体则面临着“失语”的尴尬境地。

“中国文化是‘合和’文化”，在“合和文化”的产生中有一个重要的因素是“人们的合和心理”。人们总是自觉不自觉地寻求着“沟通、相感应、交融互渗，以求合和”。[1] 然而，社会分层的不断变化和发展，使得传统“求和”的民族心理根基遭遇冲击。因此，各阶层的人们都呼吁大众媒介发挥沟通与协调职能，渴望在媒介平台上对话，渴望实现主流价值观的延续与重建，渴望焦灼与失落的心理得到抚慰。从这个角度来说，公益电视节目的出现把握住了时代

[1] 庞进. 龙文化研究：龙的神性与民族文化心理［J］. 人文杂志，2000（1）.

的脉搏，它致力于关注弱势阶层的苦难和需求，搭建弱势阶层与强势阶层、中间阶层之间沟通和互助的桥梁，也正契合了大众急盼归属与慰藉的共同心理需求。

目前，公益电视节目已拥有较高的受众关注度，但媒体对于受众的参与意识、参与行为的调动明显不够。纵观目前的电视荧屏，除开一些颇具时效性、紧迫感的赈灾晚会义演活动等，各类常规的公益电视节目中大多是“媒体搭台，企业唱戏”，即企业以各种形式直接参与公益电视节目幕后的运作和台前的呈现，或作为广告赞助商为节目冠名，或扮演资助人出现在节目中，更有甚者，以企业的宣传目的为节目环节设计的依据，企业的标志、标语乃至商品等在节目中随处可见。这样一来，企业成为公益电视节目的主角，最广大的受众群体的力量并未得到最大限度的发挥。Web 2.0 时代改变了受众群体的信息传递和接收方式。就公益活动而言，新浪、搜狐等各大门户网站纷纷开辟了“公益频道”，正以强大的交互功能营造着“人人公益”这一颇具感染力的传播氛围。相比于网络上如火如荼的“网民力量总动员”，电视媒介在开发受众市场上明显做的努力还不够，若不能进一步与受众紧密联系，调动受众从意识到行为的全方位参与，长此以往，将不利于稳定和谐且充满生机的受众生态环境的建设。

### （二）政策生态环境

电视媒体作为党和政府的“喉舌”，作为公共性机构，本身就肩负着宣传教育和公共服务的职能。构建和谐社会是当代中国社会的核心价值目标。电视媒体作为大众传播领域的主流媒体，更应担负起为构建和谐社会提供舆论服务的使命。和谐社会需要媒体营造出和谐的传播环境，因此，电视媒体更应该找准舆论引导的发力点，用和谐传播来体现主流媒体的舆论强势。

慈善公益事业是实现社会保障的重要内容，也是构建社会主义和谐社会的基础之一。2020 年 8 月 16—19 日，第十三届全国人大常委会副委员长张春贤率队到宁夏回族自治区就《中华人民共和国慈善法》实施情况进行执法检查时强调，要深入贯彻习近平新时代中国特色社会主义思想，坚持以人民为中心，切实贯彻实施好慈善法，依法促进慈善事业健康发展，为助力全面建成小康社会、推进国家治理体系和治理能力现代化提供有力法治保障。《中共中央关于构建社会主义和谐社会若干重大问题的决定》中明确指出："正确的思想舆论导向是促进社会和谐的重要因素。新闻出版、广播影视、文学艺术、社会科学，要坚持正确导向，唱响主旋律，为改革发展稳定营造良好思想舆论氛围。"[1] 党的十九大报告提出，到21世纪中叶，"把我国建成富强民主文明和谐美丽的社会主义现代化强国"。

这些对公益理念的倡导均为电视媒体打造公益节目、营造公益氛围提出了更加清晰明确的政策指引，必将有更为旺盛的生命力。自2006年以来，电视媒介对公益资源的大力开发，对唤起大众公益意识发挥了明显推动作用。另外，公益电视节目将和谐社会的思想分成诸如关注农民工、关注失学儿童、关注孤寡老人等若干小主题，并贯穿在不同的节目形态之中，拓宽了电视媒体进行舆论引导的路径。

中国电视在改革中逐渐被推向市场，成为一种经营性的媒介。但由于公益电视节目同时具备宣传教育和公共服务的职能，对节目进行具体操作时不免会受到政策因素的诸多影响，这使得公益电视节目在实际运作中往往需要解决诸多较为复杂敏感的问题。作为媒介生态环境中的媒介要素和资源要素，媒介、政府以及与之密切相关的各类因素亟须在协同发展中找到一个有利于和谐传播环境形成的平衡点。

### （三）行业生态环境与媒介内部生态环境

行业生态环境与媒介内部生态环境的核心均是媒介自身，各媒介之间、媒介自身的生态状况成为决定和谐传播实现的关键。在当今的媒介生态环境中，以经济利益为风向标的媒介竞争日趋激烈。按照生态学的观点，"任何一种媒体都必然有其特殊的时间与空间上的生态位（Niche），亦即有其特殊的生存与发展的土壤和条件，以及它在这一状态下的特有行为和作用，很少有两种媒介能长期占有同一生态位"。[2]《超级女声》的成功，使得全国选秀活动几乎在一夜之间占据了

[1] 中共中央关于构建社会主义和谐社会若干重大问题的决定［M］. 北京：人民出版社，2006：3-12.
[2] 邵培仁. 传播生态规律与媒介生存策略［J］. 新闻界，2001（5）.

所有频道；《南京零距离》的崛起，让民生新闻成为一股荧幕新潮流……在这个“娱乐至死”和“克隆成风”的年代，这些拥有相似生态位的电视节目不断进行互相模仿，媒介资源浪费现象严重，媒介原有的生态平衡也被打破。公益节目全新登场，力图对媒介资源进行新一轮的调配、组合以求焕发新的生机，这是媒介生态失衡后进行的自我调适，也是使电视节目和谐传播的有益尝试。

为打破中国电视节目内容长期为人诟病的“同构化、同质化模式”，电视公益节目展开进一步的“生态位”的细分，很多电视媒体对公益电视节目进行了大胆的加工，力图以差异化的策略来凸显节目特色、占据竞争优势。例如，凤凰卫视的《中国江河水》就以“电视行动”为依托传播公益理念，用新颖的活动形式吸引受众；中央电视台的《圆梦行动》则靠故事性、人文性取胜；而浙江卫视的《寻找王》作为国内唯一一档以“寻找”为特质的公益性新闻栏目，同样深受好评。

在对各自生态位的调整和适应中，各个电视媒介自身还面临着公益性价值目标的考验，即需要在以公益为本的理念基础上对节目内容与形式进行长期的试行与校正。湖南卫视的《勇往直前》将惊险刺激的户外明星挑战和充满悬念的演播室竞猜结合起来，以超级强大的明星阵容和慈善主题为宣传卖点，很快就成了湖南卫视一档高收视率栏目。值得一提的是，“公益+娱乐”的全新范式固然值得肯定，但在众多娱乐综艺类的公益电视节目中，“明星加盟”及“刺激挑战”等娱乐化元素的过度放大，不仅让人怀疑这是否又是一个打着“公益”旗号意在吸引受众注意力的娱乐节目，换言之，其是否能经得住和谐传播的价值目标的检验。

### 三、电视公益节目的发展突破与和谐传播

笔者认为，和谐的受众生态环境的培育需要我们突破以往的“经营节目”的理念，转而树立一种“经营受众”“经营品牌”的新理念。要借助节目较高的公益形象来吸引受众，把握受众对媒介品牌的信任心理，积极调动受众的主动参与意识，将受众作为节目的主要元素之一加以开发利用，并在荧屏上直接地、充

分地展现出来。一方面，这丰富了节目的表现形式、更好地实现了“人人公益”的传播目标；另一方面，这可以提高受众的忠诚度，将媒介形象、媒介品牌这一无形资产转化为以收视率为量化单位的有形资产。只有在传播者与受传者之间开辟一个自由交互的渠道，让双向的信息流通自如，让传播方式更为灵活，才能更好地建设一个和谐的媒介生态环境。

从公益电视节目的政策生态环境来看，政府在对传媒进行管理时，也应以传媒自身的和谐传播为主，变单纯的行政指挥为灵活适时的配合、调控。其中，政府舆论的开放度、透明度的提高，对当前公益电视节目的发展有着极其重要的意义。包容开放、充满活力的政策制度与政策环境是公益电视节目得以可持续发展的重要资源。

和谐传播的实质是以媒介为中心的各媒介要素与资源要素之间的良好配合。但是，如今“泛娱乐化”浪潮席卷整个媒介生态环境，致使电视节目与行业的创新力大大下降。因此，在节目形态上，遏制媒体的泛娱乐化倾向极为重要。对于传播目的明确的公益电视节目，在形态创新的同时应时刻牢记以公益价值与和谐传播为首，并在此框架内对节目作长期的调适。如中央电视台推出的大型公益节目《感动中国》，其以宣扬传统道德为主，同时恰当运用娱乐元素来强化传播效果、吸引年轻观众，平衡了“经济效益”与“社会效益”的杠杆，也诠释了和谐传播的宗旨。

和谐传播倡导的是，人、媒介、社会间的互荣共生与平衡进步。为达到和谐传播的理想状态，需要将契合受众接受心理的内容以更为灵活的方式传播给受众，同时也要注意受众的反馈并增强受众的参与度；需要政府秉持开放、包容的态度来实现与媒介之间的互动；还需要媒介在不断的创新中，在与其他媒介的良性竞争中谋求更好的发展。公益电视节目只有遵循和谐传播的规律，才能更加健康有序地发展，从而更好地为社会主义文化事业的繁荣与和谐社会的构建服务。

## 第三节 大型真人秀电视节目的“类媒介事件”思考

### 一、“媒介事件”的界定

丹尼尔·戴扬和伊莱休·卡茨在《媒介事件》一书中对20世纪下半叶出现的一种全新、现代的受众参与模式——电视媒介事件进行了全方位考察，深入、系统地阐释了其内涵、类型、结构、流程以及效果等，被认为是“在人们认识电视的影响力方面的一个里程碑”。作者指出“媒介事件”（Media events）是大众传播的盛大节日，是一种具有干扰性、垄断性的重大的电视事件，通常“都是经过提前策划、宣布和广告宣传的”。❶

在《媒介事件》一书中，“媒介事件”分为三种类型：“媒介事件是对电视的节日性收看，指电视直播的历史事件，国家级事件，划时代的政治和体育竞赛；表现超凡魅力的政治使命；以及大人物们所经历的过渡仪式——我们分别称之为‘竞赛’‘征服’和‘加冕’。为电子媒介展示其唤起广泛而同期的注意，以讲述一个始发的时事故事的独特潜能提供了一种新的叙事方式。这些事件为电视机架起了一道光环，改变了人们的收看经验。”❷

随后，作者又进一步分析了“媒介事件”的协商、表演（电视的角色）、庆典（观众的角色）以及萨满教化，最后从参与者的内部效果与机构的外部效果两个层次分析了媒介事件的效果。作者认为，“媒介事件”标志着一个“再生产比原生产更重要的时代”❸ 的到来，在这里，电视得到了前所未有的表演空间。更为重要的是“媒介事件”给予观众以全方位的视角，在某种高度俯瞰整个历史事件的过程中，寻求一种归属感而使自己不至于游离于社会、历史之外。我们可以毫不夸张地说，正是“媒介事件”将个人、家庭与社会，过去、现在与未

❶ 丹尼尔·戴扬，伊莱休·卡茨. 媒介事件［M］. 麻争旗，译. 北京：北京广播学院出版社，2000.
❷ 同上。
❸ 同上。

来联结了起来，增加了观众“天涯共此时”的共同时空感和历史归属感，相对而言，其他的效果就显得不重要了。“通过强调规则（竞赛），表扬具有超凡魅力的伟人业绩（征服），以及庆祝共同价值（加冕）来解决社会冲突”，[1] 达到一种人和社会、历史的和谐，“媒介事件”真正开创了一个更加开放、民主、精彩而且更加容易沟通的时代。

“媒介事件”是指“对电视的节目性收看，即关于那些令国人乃至世人屏息驻足的电视直播的历史事件”。事实上，我们可以称这些事件为“电视仪式”或“节日电视”甚至“文化表演”。在所有媒介面临被不同受众群选择、分割时，“媒介事件”始终表现出它对空间、时间以及一国、数国乃至全世界的“征服”。“媒介事件”不同于一般的重大新闻及突发事件，还在于“媒介事件”是通过提前策划、宣布和宣传，在一定意义上是大众被邀请参与的一种仪式。尽管不同的社会结构与不同的文化传统，对“媒介事件”会有不同的表达和解读，但媒介所发挥的作用和影响，在现实生活中产生的巨大冲击力，乃至在某种时刻“充当引起社会变革的遥控代理”方面却十分相似，或者说是不以人的意志为转移的。专家们早就发现，电视不但有热衷追逐社会共同的热点事件的特点，而且还有一种制造社会公共热点的独特能力。

### 二、“媒介事件”的“仪式化”特征

“竞赛”“征服”和“加冕”是当今社会最具有“仪式化”特征的三种重大事件形态，所谓“仪式化”，就是这些事件的发生遵循模式化结构，具有很强的先后逻辑性与公众的展示性，事件始终宣扬一种升华的人类精神或价值。正是因为“仪式化”事件具有这样的叙述特征，所以在当代社会中，“仪式化”的重大事件成为一种最为突出的塑造与强化社会记忆的手段。也正是因为仪式化事件的易“操作性”与无与伦比的影响力，大众传媒才会全力以赴地参与其中，把仪式化的重大事件转化为“媒介事件”。

---

[1] 丹尼尔·戴扬，伊莱休·卡茨. 媒介事件［M］. 麻争旗，译. 北京：北京广播学院出版社，2000.

首先，“媒介事件”具有非常规性。媒介事件都是经过提前策划、宣布和广告宣传的，这是一系列使日常生活变得特殊的特殊声明和前奏，常常使受众产生一个积极的期待期。[1] 在这一时期，受众对“媒介事件”的参与人物、发生样式与时间地点等问题都可能进行积极的设想，有的热心受众甚至会在某一大众传媒上，提出自己的想法与要求。实际上，在这一时期，许多大众传媒已经开始进行相关的回顾，以激发大众的想象力，调动受众有关的“阅读成规”，使社会记忆的某些因素被激活并开始发挥作用。其次，“媒介事件”使仪式本身更具有戏剧性情节的逻辑性，更容易被理解和打动人心。我们知道，传统仪式是一种表演性的话语形式，“说、唱、诗、舞”，合成一体，密不可分，其中每一部分都具有很强的模式化的表演特征，即每一部分都既具有实践的可感性，又具有超越这一层面的象征意义。而在实践的可感性方面，仪式经过积淀，可以形成诅咒、祝福、发誓、许愿等话语内容与对偶、排比、反复等特殊话语形式来区分日常生活活动，强化仪式的参与性，制造记忆“共同体”。[2] 可见，仪式是模式化的综合活动，在认识方面，它以视、听、触、味、嗅的多种感知方式影响参与者的心理感知，强化其的记忆形象；在社会层面，仪式则宣扬基于心理感知的意识形态的意义和价值，使之成为社会化的记忆形式，进而形成某种支撑社会政权结构的国家意识形态或社会意识。

现代社会之中，传统仪式活动虽然随着宗教的衰落而衰落，但是，其中的众多因素却被现代重大活动所利用，因此，现代重大活动具有一般的仪式化特征。现代大众传媒大规模地参与社会重大活动，就此整合出“媒介事件”，仪式化特征也成为“媒介事件”的重要特征。可见，“媒介事件”本身蕴含着众多传统仪式因素，同时又具有强烈的现代特征。

### 三、“商业逻辑”与“媒介事件”

戴扬等认为：“我们把媒介事件看作是假日——它使某些核心价值或集体记

[1] 丹尼尔·戴扬，伊莱休·卡茨. 媒介事件［M］. 麻争旗，译. 北京：北京广播学院出版社，2000.

[2] 保罗·康纳顿. 社会如何记忆［M］. 上海：上海人民出版社，2000：65-69.

忆的某些方面醒目起来。这种事件往往描绘理想化的社会形态，向社会唤起的是希冀而不是现实”。[1] 可见“媒介事件”实质上是一种特殊的“假日”，它丰富了传统假日的文化蕴涵，即在娱乐休闲之外，加上国家、民族乃至人类的精神与价值。这样，“媒介事件”就涉及社会文化神圣核心的某些方面，实际上，这一神圣核心很难由某一社会个体来承担和传播，它的塑造与传播需要借助偶像群体、组织活动与大众传媒系统。因此，“媒介事件”所参与塑造的现代“假日”，也成为仪式或者包含仪式的一部分，它要求“参与者”——直接参与者和传媒受众尽量减弱游戏休闲的心态，激发惊讶、赞叹与虔诚、崇敬的情感。媒介事件“促使观众聚集在电视机前进行集体的而不是个体的庆典。在庆典过程中，观众常常被赋予一种积极的角色。这些事件以集体的心声凝聚着社会力量，唤起人们对社会及其合法权威的忠诚”。[2]

“媒介事件”既然成为一种大型综合化媒介节目形态，那么它就不可避免地要融入大众传播机制之中，成为一种超级媒介产品。我们知道，“媒介事件”由于具有巨大魅力，成为大众媒介高收视率（高发行量）的法宝，这是各种大众媒介竞争的焦点，也是吸引广告商的最大亮点。另外，由于“媒介事件”本身需要投入巨大的制作与传播费用，大众媒介当然也渴望媒介事件带来巨大的商业价值，实际上，每一次“媒介事件”都少不了大型公司的经济赞助。然而，与一般媒介节目形态不同，“媒介事件”在内容与传播形式方面具有神圣性、仪式化与非常规性特点，这样，广告就很难像在一般媒介节目中那样“为所欲为”，因此，“媒介事件”又呈现出复杂的媒介经济特征。在竞赛类媒介事件，尤其是体育竞赛类“媒介事件”中，广告则全面渗透。目前，广告实际上已经完全“降服”了包括奥运会在内的各种体育赛事，而商业逻辑成为这些媒介事件的重要叙述逻辑之一。“作为广告点的支撑，这一盛会的电视影像业已成为一种服从于市场逻辑的商品，必须采取某种制作方式，以尽可能最长久地抓住并吸引住尽

[1] 丹尼尔·戴扬，伊莱休·卡茨. 媒介事件［M］. 麻争旗，译. 北京：北京广播学院出版社，2000.

[2] 同上。

可能广泛的观众”。[1]

在“媒介事件”的巨大魅力光环下，大众媒介与各种大型组织制造出大量“类媒介事件”。这些“类媒介事件”具有媒介事件制造与传播的一切特征，如大规模的事前宣传、超大型现场直播、传播文本的综合化等，而在内容方面，这些“类媒介事件”则拓展到重大节日庆典、大型文娱活动、大型组织活动、文物挖掘活动和自然奇观等领域。仅从内容角度看，这些“类媒介事件”缺乏媒介事件的严肃性、仪式化特征，但是，大众传媒机构利用自身强大的传播系统使这类事件非常规化，突出这些事件的喜庆、狂欢、新奇、奢华等特征，强化高收视率与高回报率，使其达到了类似于“媒介事件”的传播效果，形成一种新型商业化媒介事件形态。总之，商业逻辑已经成为当代媒介事件的重要逻辑之一，政治意识形态、社会文化、商业的因素在大众媒介中紧密地纠缠在一起。

### 四、关于娱乐节目《中国好声音》的“类媒介事件”思考

随着社会政治经济文化的发展和受众素质的提高，电视媒体已经不仅仅是历史的记录者和传播者，它已成了一个人人可以参与的公共平台。从某种意义上说，电视本身就是一个“秀场”，是制造“媒介事件”的很好载体，它完全有条件成为事件的发源地。《中国好声音》的海选活动，就像一座桥梁，使社会和电视连通，在受众心目中成了具有强大吸引力和美誉度的“媒介事件”。它也让我们看到了电视娱乐节目介入社会、市场的最佳切入点。

作为一档电视娱乐节目，严格意义上说，《中国好声音》并不属于丹尼尔·戴扬等分析的“媒介事件”，但作为近几年浙江卫视最重要的大型电视直播节目，它又具有了许多“媒介事件”的特征。

1.《中国好声音》的仪式化传播

浙江卫视娱乐节目《中国好声音》就注意到了仪式化特征对电视节目的重要意义，它采用“竞赛”的形式，经过提前策划、宣布和广告宣传，激发大众

[1] 皮埃尔·布尔迪厄．关于电视［M］．许钧，译．沈阳：辽宁教育出版社，2000：101-102.

的想象力，调动受众的情绪。节目主持人引导着受众“参与”各种仪式化的活动，其职责的精华部分在于酝酿与调动大众情绪，不断升华这一场全民造星运动的仪式化意义。浙江卫视还运用娴熟的传播技巧调动大量的媒介参与到仪式化事件的塑造与传播之中，从而形成一个更大的多媒介“文本”，这个多媒介“文本”体现在电视频道的超长时段直播、报刊主要版面、网络的超级链接之中，由此，这个多媒介“文本”就为仪式化重大事件设置了一个超强“议程”，产生传播效果的“倍增”现象，把社会的主要注意力集中起来，使每一个受众都不可避免地受到影响。

2. 运用“商业逻辑”，定义“节日”，邀请大众

《中国好声音》一开始就把栏目定位为商业化的大众娱乐节目，注重高收视率；投入巨大的制作与传播费用，希望高回报；吸引广告商的注意力，以求成为一种超级媒介产品。

“媒介事件”本身不是节日，要想提升事件的吸引力，突出强调事件的意义和价值，就要努力放大和扩张事件，把事件塑造成“节日”，并且把“节日心理”渗透观众内心，促使其产生“节日行为”。通过长达近三个月的造势，“导师盲选”“导师抉择”“导师对战”“年度盛典”四大阶段，电视、网络、报纸等多媒体联动，《中国好声音》节目变成了大众共同检验的“节日”。每周五晚上9点的直播又吸引了一大批忠实的观众，在对“节日”的期待中关注“学员”的所有事件，自发地对节目进行传播，从而不断扩大节目的影响力。

另外，“媒介事件”的现场观众非常有限，大部分观众是通过电视来参与到事件当中的。肯定观众的“参与”地位，强化其“参与”意识，“邀请”观众共同庆祝“节日”，是电视编导的首要任务。《中国好声音》经过策划和准备，提前进行直播预告，提醒和督促观众观看直播。预告片的频度和强度逐渐加强，并在直播前夕达到高潮，占据电视节目的黄金时段，使观众不断地被邀请和催促。经过观众之间的人际传播，这种“大家都被邀请”的感觉被强化，观众对直播充满了收视期待。观看直播成了生活中的一件大事，如同节日一般为人们所期待。

3. 建构“媒介事件”的“节日”语境，引导观众“庆祝”“节日”

较之丹尼尔·戴扬等在《媒介事件》中提出的“礼拜仪式语境”，“节日语境”可能更加通俗易懂。最初，“媒介事件”立于日常生活之外，是对日常生活的外来干扰。电视通过强化观众的“节日”心理和“节日”期待，并借助群体传播、人际传播等方式形成的舆论环境，把这种“非日常”转化为“日常”，为“媒介事件”的直播营造了一个特殊的“节日”语境，这种语境反过来对“媒介事件”以外的日常的事物发挥出排他性。在大众媒介的高密度“轰炸”下，《中国好声音》娱乐节目成为人们日常谈论的热门话题，观众也因为自己的喜好组成粉丝团队，在网络上大量发表意见，即便是“准粉丝”或者“非粉丝”，在被电视“要求”收看的情况下，也为自己亲身“见证”和“经历”了比赛过程而骄傲。没有收看直播的人，在社交圈里失去了发言权。在“节日”语境中，平时的日常节目被弱化甚至被忽略。

4. 利用“传染性”形象，帮助观众体验“在场”

对于大多数受众来说，“媒介事件”具有远地点性。相对于有限的现场观众，电视观众有明显的“不在场”感觉，这势必影响观众的参与热情。坐在家里的电视观众，会因为周围现实环境与事件“无关”而受到日常生活的“干扰”，他们很难像现场观众那样全情投入以庆祝“节日”。为了调动观众的积极性，电视必须帮助其产生“在场”的感觉，即便只是幻觉。传统的选秀节目只有评委有资格选择选手，评委和选手之间的权利是单向的，而《中国好声音》则提出了“双选”的概念。观众在观看时，如果将自己代入导师的角色，观众会对盲听产生“未知的兴奋感”。反之，观众如果代入选手的角色，又会对导师转不转产生“未知的兴奋感”。因为有未知的兴奋，所以产生了莫名的期待。这是抓住人心的制胜法宝，于是观众产生了“在场”的幻觉。

5. 实现从“家庭空间”向“大众空间”的转化

通常，“媒介事件”发生在大众的开放式空间里，而绝大部分观众是在自己的家里看电视，家庭空间相对私人和闭合。有趣的是，尽管各个家庭相对独立和分裂，电视却利用媒介事件“把互动的个体的网络挨家到户，跨越极其巨大的边境联结在一起”[1]，使分散在各个家庭的观众，在同一时间共同关注同一个事件，甚至表达出同样的情感。

大众媒介浙江卫视利用“媒介事件”的巨大魅力光环，通过自己强大的传播力，采用仪式化的特征，使娱乐节目《中国好声音》从海选到决赛都呈现出非常规化，突出自由、个性、民主、新奇、狂欢等色彩，强化高收视率与高回报率，使其达到了类似于“媒介事件”的传播效果，形成一种新型商业化媒介事件形态，我们姑且把《中国好声音》这类大型电视文娱节目称为“类媒介事件”。

## 第四节　电视广告传播艺术探要

广告被称作“第八种艺术”，它以美的形态出现，以无所不在的弥漫式的传播手段浸入受众的心里，带来审美愉悦感的同时刺激消费欲望。精美的画面、巧妙的构思和独到的语言传达出的是商品的个性风格、价值理念，所以有人说，广告艺术并非纯艺术的创作，而是戴着枷锁跳舞，所谓枷锁是指广告的社会责任感和营销任务。

成功的广告不但富于艺术性，而且善于传播，往往顷刻间便家喻户晓。广告的艺术同时也是传播的艺术。广告传播具有传播艺术形式的多样性、综合性、实用性、独创性等特点。广告传播的艺术性主要体现在两大方面：广告对文化是必然有影响的，它们在很多方面呈现互补的关系，不能从最简单的文化现象出发，从极其狭隘的角度看待广告的艺术问题，因此镜头之间的形式早已脱离了最初的概念，不被人们所接受，而对于艺术性的探访也就沦为现象的工具。

### 一、广告与文化的联系

现代社会属于消费社会，人们对商品的消费转化为仅仅将商品作为审美的对

[1] 丹尼尔·戴扬，伊莱休·卡茨. 媒介事件［M］. 麻争旗，译. 北京：北京广播学院出版社，2000.

象，从而上升为一种意识形态意义上的美学消费和文化消费。在这里，商品的内容（物质性）对于消费者而言已经可有可无，而商品的形式（社会性）对于消费者而言则是不可或缺的。消费者往往根据自身的文化品位对商品品牌的个性风格、价值理念进行审美判断，如果消费者能够对该商品产生审美认同，就愿意去购买该品牌的商品。这就好比在电影和电视出现之后，我们已经分不清到底是电影（电视）在模仿生活，还是生活在模仿电影（电视）。与其说人们在大量地消费商品，不如说是在大量地消费文化、消费审美、消费感觉。

### （一）电视广告的语言艺术

语言对于电视广告来说是非常重要的，电视广告的语言往往都是精心选择和千锤百炼的佳句。电视广告的语言不仅使广告产品表现得尽可能美好动人，而且使广告本身成为审美对象，给人们带来美的享受和愉悦。想要使电视广告传播达到预期的效果，一个重要的因素就是在语言上下功夫，做到以下“三美”。

广告语言的通俗美。古人云：“文须通俗方传远。”通俗、朴素的语言是最美的语言。为了吸引广大消费者，广告语言就更应该通俗易懂。如上海恒源祥绒线羊毛衫的电视广告语言中的“发羊财”，借助民间通俗用语，吻合了大众喜欢发财的心理，简单、易懂，迅速传遍大江南北，产品品牌影响力得到极大的提升。

广告语言的简洁美。《文心雕龙》中写道：“文以辨洁为能，不以繁缛为巧。”广告文案更要注重简洁，只有简洁生动的广告语，才能从众多广告中脱颖而出。中国人民大学广告教研室主任赵赜认为：“理想的广告应该是风格简约，用尽量少的元素表达产品和企业的丰富内涵。”雀巢咖啡广告中“味道好极了”寥寥五字就形象地表现了咖啡的特色，简洁易懂，有利于传播。

广告语言的音韵美。我国古人写诗填词讲究韵律，这是因为有韵律就好读好记，读起来朗朗上口，记起来轻松愉快，具有很强的感染力。因此，广告用语历来讲究音韵美。那么，如何体现广告语言的音韵美呢？一是押韵。就是上句末尾一个字与下句末尾一个字的韵母相同。如摩托罗拉广告语“MOTO 精彩，个性所在，各得其所”。朗朗上口的语言配上酷酷的画面，准确传达出摩托罗拉手机对时尚的把握。二是合仄。就是讲究平仄，每句之间或者上下句对应的地方讲究平仄，音韵有规律地变化，以便于朗诵。如《长沙晚报》广告语的“同饮湘江水，共读长沙报”。

### （二）电视广告形象的意境营造

意境是中国原创的一个文学理论范畴，在中国古典文论中常常用来指称抒情文学特别是诗歌中的艺术形象。所谓意境就是通过形象化的艺术描写，实现主观之意与客观之境的交融，从而能够把读者引入一个想象空间的简洁凝练的抒情文学形象。[1]

电视广告形象的意境营造可以在一定的时空中实现主客观和谐统一，即所谓情景交融、意与境浑、意境融彻。广告形象营造的意境也能引发受众的想象和玩味，产生“象外之象，境外之景”“韵外之致”“味外之旨”，如上海通用汽车公司的广告君威“荷花篇”就是一个成功的典型。

### （三）电视广告传播的创意技巧

创意是一种很难规范或制定标准的创造性活动。为达到广告传播的目的，可以有多种创意，正如为了走到旅游目的地可以选择多条道路一样。一则广告如果构思平庸，令人望而生厌，为人们所不屑一顾，谁还会愿意购买产品；而一则富有创意的引人入胜的广告则能使人们不得不信。立意新颖、生动形象的广告能引发人们对产品的兴趣，使人们产生联想，唤起购买欲。比如，农夫山泉的经典广告——“农夫山泉有点甜”，或许正是因为人们对“甜”的怀疑而使该广告深入人心。这句简单得不能再简单的广告语成了农夫山泉的第一记忆点。暗示品质的“甜”字则成了其品牌价值的集中体现。女性长筒丝袜在广告中似乎很难翻出新意，但美国美特牌丝袜广告却别开生面。电视广告画面中出现一双少女秀美的腿，穿着美特牌丝袜。这时，受众内心呈现紧张的完形压强，想象秀腿必与美丽的面庞匹配。孰料，画面中竟出现了一位体格结实的男性——美国著名棒球运动员乔·纳米斯！观众大吃一惊，这时纳米斯面带俏皮，温文儒雅，说道：“如果

---

[1] 张永刚，董学文．文学原理［M］．北京：北京大学出版社，2007：175.

美特牌女丝袜使我的腿变得如此美妙，我想它一定会使你的腿变得更漂亮！”❶电视广告创意就是要新颖别致，不落俗套，富有魅力，给人既在意料之外，又在意料之中的感觉，力求把广告与广告传播的商品紧密结合起来，给受众带来强烈的记忆刺激。

电视广告的“文化底蕴”逐渐表现出一种追求艺术化、多元化和情感化的倾向。如同在古典时代，文化与贵族发生联系就产生了贵族文化，在现代，文化与民间发生联系就产生了民间文化一样，在当代，文化与广告发生联系，那么就滋生了广告传播的文化。

### 二、广告与消费心理

电视广告传播要达到良好的传播效果和销售效果，必须了解消费者的心理。奥格威说：“消费者是上帝，而消费心理是上帝中的上帝。”❷ 要进行广告传播，首先要把握消费者的心理。正如法国哲学家鲍德里亚所说：“消费成为一种积极地与集体和世界保持关系的方式。”❸ 现代广告使消费者不再是产品的消费者，而恰恰相反，产品成为消费者的产品。广告的叫卖从面对消费者的“消费者请注意”，变为面对生产商的“请注意消费者”。美国学者J.伯德利亚尔指出：“现代社会的消费实际上已经超出实际需求的满足，变成了符号化的物品、符号化的服务中所蕴含的‘意义’的消费”。❹ J.伯德利亚尔认为，由于消费的符号化和象征化，现代社会的消费越来越追求个性化。于是现代广告自身也成了商品，消费者购买商品时支付的货币包括两种价值：有形商品的价值与意义的价值——广告所带来的价值。而且在现代社会，由于商品越来越“同质化”，商品的有形的价值逐渐萎缩，意义的价值不断放大，广告传播对消费者心理的影响正在成为现代商品最重要的价值。

---

❶ 杨海涛. 广告表现艺术及审美特征［J］. 内蒙古财经学院学报，1998（2）：80.
❷ 罗志芬. 当跨文化广告传播遭遇“民族化”［J］. 中国广告，2004（6）：54.
❸ 汤志耘. 论现代广告的内在逻辑［J］. 中国广告，2004（10）：40.
❹ 郭庆光. 传播学教程［M］. 北京：中国人民大学出版社，1999：55.

### （一）电视广告即欲望之桥

广告有个“满足—创造”模式，即发现目标消费者的欲望之后，尽量按照受众的动机和欲望来创造广告的形象，在电视广告中利用各种广告元素的编织与叙述（最终落脚点是产品）对其进行满足。然而，如果只是满足，便意味着结束，广告也就没有了继续进行的可能和必要，这对广告和产品来说就是死亡。所以，广告在满足前一欲望的基础上，又创造出新的欲望，以推动消费者下一轮的消费。如“没有最好，只有更好”“滴滴香浓，意犹未尽”“金利来，男人的世界”，刺激欲望的神经，永无止境。广告使消费者看到了现实与理想之间存在令人难以忍受，却又可以逾越的沟壑，而逾越的企图便是欲望，逾越的途径便是购买广告中的产品。电视广告利用消费心理，达成营销目的。

### （二）制造话题，捕捉注意力

在娱乐界，如果一个演员不能常常被大众提及，没有了话题性，那么他就是被遗忘了，显然，绝不再是走红的明星了。同样，一个电视广告如果没有了话题性，不能够引起公众的注意，也就不能达到传播的效果。电视广告传播的艺术就是抓住公众的心理和兴趣，形成话题性。譬如，中国素来是礼仪之邦，逢年过节，走亲访友，常常少不了送礼。至于应该送什么样的礼品，是广大消费者都很关心的问题。随着“今年过节不收礼，收礼只收脑白金”的广泛传播，脑白金几乎成了礼品的代名词，而对此电视广告的褒贬评价也形成了话题且争论不休。再如，哔哩哔哩网站上2020年五四青年节的广告《后浪》的现象级刷屏，让哔哩哔哩网站一夜之间股价暴涨34亿元。《后浪》也成为接下来一年中网络青年们调侃出生优越之人的代名词。《后浪》也有不接地气的争议，但是不可否认，它唤醒了年轻人心中沉睡着的，在当下时代对自我责任的认知。话题的传播是一个多极的，它首先通过各种媒体、各种活动，传播给一大群的意见领袖，而后由这些意见领袖传播给较多的受众，这些受众进一步传达给更广大的受众。在消费观念上，人际传播的这种亲和力，正是消费者态度改变的关键所在。电视广告话题实际上是通过影响那些有影响的人来达到传播目的的。

### （三）电视广告的易容技巧

现代电视广告无论包含多少文化、社会、经济方面的功能，谋取广告主的利润都是其最大的功能。消费者与广告主的利益并不是和谐一致的，而且常常产生冲突，于是，广告就巧妙地将自身利益改头换面，使消费者在“不识庐山真面目”的眩晕中把自己的利益拱手出让。

易容技巧一：转化。在电视广告中，消费者的利益被扩大再扩大，电视广告自身的利益被缩小再缩小，各种广告元素都在向消费者齐声呐喊：只要你过得比我好！于是，利益双方的冲突被掩盖了，消费者的利益被放到了至高无上的位置，广告自身的利益则好似披了一件隐身衣，隐匿于无形。如“价格实惠，量又足，我们一直用它”（大宝）、“天天特价，样样动心”（华联超市）、“你只需按一下快门，剩下的由我们来办”，等等。

易容技巧二：提升。电视广告中产品的优势被无限提升、扩大，被塑造成手眼通天的神。“包治百病”自然不可信，但是洗发水能“美化您的生活”（P&G）、一支小小的牙膏就能让你“健康清新每一天”（黑妹牙膏），你信不信？不管能否真正做到，起码人们愿意相信。此时，广告不再做具体利益点的承诺，而是将产品的优势提升到了这种形而上的层面，于是消费者为了这些无形的东西心甘情愿地付出有形的代价，快乐地接受了广告，也接受了它的产品。正如那句经典的广告语所告诉大家的一样：“人头马一开，好运自然来。”

易容技巧三：涵盖。在电视广告传播中，传播者和接受者双方的经济利益几乎永远是矛盾的，这就需要广告做一些“手脚”，使双方利益的方向“看起来”一致，这样信息就更容易被接受，劝服就更容易成功。具体做法是使电视广告的利益被更宏大的利益涵盖，这个利益包含消费者的利益，于是消费者的利益与广告的利益在这个更大利益的涵盖下方向一致了，如“长虹，以民族昌盛为己任”（长虹）、“创维情，中国芯”（创维）、“威力洗衣机，献给母亲的爱”（威力）。

电视广告通过对消费心理的把握，拉近了人与产品的关系，更建立起人与人、人与社会、人与世界之间的联系，提升了人们的生活质量，在给广告主带来利益的同时，也给自身带来了利益。

# 第三章
# 数字电影的美感体验

# 第三章
# 数字电影的美感体验

## 第一节　《山楂树之恋》的“纯美”式审美体验

只要有人的地方就会有美的存在，只要存在美就会引发人的审美体验。泰戈尔认为，我们日常生活中的平凡琐事也有微妙的和不引人注目的美感，只有依靠我们自己敏感的心灵，才能发现那由于是精神的，故而不可见的妙处。[1]

审美体验具有净化作用，这种净化与所有自主艺术的理想目标相对应。这一目标是把观众从日常生活的实际利益和琐事中解放出来，并且让他们在给他人带来享受的同时得到自我享受，从而赋予他们以审美判断的自由。[2]

从创作角度来说，创作蕴含着自己的净化，如艺术对痛苦、悲伤的抚慰功用就是一种净化作用。文本创造了苦难，并把它凝固在艺术中，艺术家通过创作把自己从苦难中解脱出来。号称“史上最纯电影”的《山楂树之恋》总票房过亿，创下近十年文艺片的最高票房。谈及创作初衷，张艺谋说：“（是因为）那种心动的感觉，因为我看剧本是在没有任何小说背景的情况下看的，所以我看到最后……突然有心动的感觉，心里面哭了似的那种感动。”伽达默尔指出，“艺术

[1] 泰戈尔．泰戈尔随笔［M］．刘湛秋，主编．合肥：安徽文艺出版社，1997：108.

[2] H. 加登纳．艺术与人的发展［M］．顾建光，顾静宇，张乐天，译．上海：上海译文出版社，1997：49.

来自体验，并且就是体验的表现”“一部艺术作品就是对体验的移植，而且，这样的移植被归功于某个天才灵感的体验”。[1] 导演在创作电影前，对人物命运产生了强烈的感慨，触发了审美的自我观照，并受一种相似“体验”推动，获得了创作的欲求和动力。有体验，就有对生命的个性感悟，就了解了艺术作品的深厚意蕴。艺术不是解释世界，而是呈现一种体验。体验是艺术的生命，没有体验，艺术便会失去生命。笔者认为，张艺谋电影《山楂树之恋》带给我们的体验和感悟就是“纯美”。

## 一、审美体验及其特征

在审美活动中，一片自然风景为什么变成了“一个心灵的境界”?[2] 而一首诗为什么可以千百年来引起不同人的“共鸣”呢?这里的根本在于审美体验(活动)。“体验”一词作为哲学和美学中的一个范畴或概念被提出来得较晚，在19世纪70年代才成为一个惯常用词。根据伽达默尔的考察，“体验”一词最早出现在黑格尔的一封信中，黑格尔曾写道“我的整个体验”，到19世纪70年代由狄尔泰加以术语化。[3] 在西方不同的哲学家和美学家那里，对“体验”也有着不同的说法：在柏拉图那里，体验是“迷狂”；在席勒那里，体验是“游戏”；在狄尔泰那里，体验是“解释”；在马斯洛那里，体验被命名为“高峰体验”；在叔本华那里，体验就是“静观”；而在尼采那里，体验便是“沉醉”；在克罗齐、柏格森那里，体验等同“直觉”；在海德格尔那里，体验还是“回忆”；等等。

审美体验在中国的发展当溯源到古典诗歌美学，通过中国古典美学与西方美学之间的对比和贯通，形成更具传统特色的美学概念。叶朗在《现代美学体系》中提出了“审美感兴”的说法，他指出，“审美就是自由的体验”“审美感兴，即主体在意象中对存在的自由体验，其特征在于同现实时空的背离，在中断现实

[1] 伽达默尔. 真理与方法［M］. 王才勇，译. 沈阳：辽宁人民出版社，1987：100-101.
[2] 叶朗. 现代美学体系［M］. 北京：北京大学出版社，1999：444，450.
[3] 伽达默尔. 真理与方法［M］. 王才勇，译. 沈阳：辽宁人民出版社，1987：100-101.

时间的那一瞬间，意识把握到在它所建构的意象中存在的永恒性”。[1] 换言之，审美体验是审美主体与客体的统一，其审美特征体现了其审美本质，研究审美体验的重点即对审美特征的探索。审美体验存在于审美活动的各个阶段，对于研究美、美学以及认识艺术的本体论具有重要意义。

王一川对审美体验的定义是：“审美体验是人在社会实践基础上所获得的对人类活动的有限中的无限、刹那中的永恒的体验。”[2] 王岳川则在体验的真实性方面作了更为具体的阐释，他在《艺术本体论》中提出：“审美体验是一种特殊的审美经验，是审美经验强烈而深刻，丰富而高妙，充分而激烈的动态形式，并以其设身处地，情感激烈，想象丰富，灵感突现，物我两忘，浑化同一为其鲜明特征。”[3]

所谓审美体验的特性，是与非审美体验（如日常生活体验）的特性相比较而言的。审美体验的特性大致可概括为情感性、直觉性、整体性和创造性。四者之间不是孤立的存在，而是相互影响与联系的。

情感性，指审美活动中贯穿着审美主体的强烈情感。只有主体产生了情感才会对审美对象产生感觉、认知及共鸣。在审美过程中，审美主体将个人情感投入其中使得审美体验得以发生与深化。正如杜威所说，艺术是选择性的，任何主导情感都会自动地排斥与自己不一致的东西。[4] 由此可见，在审美体验中，对审美对象的选择和接受都体现了审美主体的情感趣味。

直觉性“是纯粹的观审，是在直观中浸沉，是在客体中自失，是一切个体性的忘怀，是遵循根据律的和只把握关系的那种认识方式之取消”。[5] 审美直觉是基于对客观事物的直观反应，依照主体的审美层次和经历体验，对客体产生内容各异的直觉体验。体验的直觉性往往伴随着情感，并在审美活动过程中产生创造性的情感欲求。

---

[1] 叶朗. 现代美学体系［M］. 北京：北京大学出版社，1999：444，450.
[2] 王一川. 审美体验论［M］. 天津：百花文艺出版社，1999：122.
[3] 王岳川. 艺术本体论［M］. 上海：三联书店上海分店，1994：160.
[4] M.李普曼. 当代美学［M］. 邓鹏，译. 北京：光明日报出版社，1986：207.
[5] 叔本华. 作为意志和表象的世界［M］. 石冲白，译. 北京：商务印书馆，1982：274.

整体性表现在主体对客体的宏观把握和掌控，从美学角度上说即对审美领域的各个方面有所观照，从更高层面来审视其审美价值。既考虑审美情感取向，又观照审美直觉的原始动力，并在此基础之上进行再创造与再发现。

创造性是审美体验实现超越与自我超越的统一。审美活动是人的自由本质的表现，审美体验的本质在于超越，不仅体现为时空上的超越，也体现为对现实与自身的超越。主体对审美客体的体验不只简单停留在欣赏层面，更在追求美的同时不断创造性地强化“美”。

## 二、《山楂树之恋》的“纯美”式审美体验

审美体验是艺术的生命，是创造者与鉴赏者的共同体验。艺术作为“一个通道”，从不回避，而且始终执着地呈现着世界，以便更完整、更真实地“赞美”世界。同时，审美体验也是为了更为深刻地体验苦难、冲突、分裂、毁灭甚至不惜把苦难推向极致，从而开启自由的大门，使得生命因此而绽放、敞开、启迪、觉醒，并且得到淋漓尽致的呈现。[1]

纵观张艺谋电影的审美走向，其文艺片风格始终包含着浓郁的艺术气息。《山楂树之恋》更是将这种文艺气息发挥到极致，当然这无疑也是该电影的一种吸引人眼球的宣传方式，但其艺术性、审美性却有着丰富的研究意义。艺术片本着源于生活又高于生活的原则，始终代表着电影较高水平的美学追求和审美形态。有别于商业片，张艺谋的文艺电影以艺术至上，偏重社会题材和挖掘人文意义彰显其审美价值，崇尚文以载道，体现出一种责任和担当。

电影《山楂树之恋》的“纯美”式审美体验同样具有整体性、直觉性、情感性和创造性的审美特征，并在各个层面寻求艺术形式的创新和突破。

此部电影不同于以往张艺谋电影的叙事方式，在叙事结构上化繁就简，针对电影在时间、空间上的特殊限制以及主题的优化表达，借助字幕与画面的转换来完成对故事整体性的讲述，手法虽略显单调，但有力地保证了故事的合理性与完

---

[1] 潘知常．生命美学论稿：在阐释中理解当代生命美学［M］．郑州：郑州大学出版社，2002：9.

整性。同时，在电影内容以及人物情感由浅入深的发展过程中，总体上表现出特定年代的情感状态，透过视听手法的综合运用，将人物形象的丰满度完整地呈现于荧幕。

在影片中，老三进城接静秋，路上两人过河时，不敢拉手，只能用一根木棍牵着。对于这一情节的处理，导演采用远景、特写加中景的组接展现人物情感，看似默默无语的两人其实都已心起涟漪，没有多余的语言表达，取而代之的是细腻而不易被发现的细微动作，微妙的情感表现于两只拉着木棍的手的特写动作和男、女主角脸上的细微变化，通过连贯的细部动作表现情感的萌芽，展现出那个特殊年代青年人感情的纯洁与青涩。故事的这一小高潮直接引导观众产生或熟悉或新奇的情感体验，由被动接受转而成为主动体味，进而对影片产生出浓厚的兴趣，片中的人物或历史背景的审美趣味也在直觉的体悟中显现，从而表达出该影片的审美特征。当然，电影作品的欣赏也可以使我们超越时空，单纯的情感表达并不会因年代久远而产生陌生感与距离感，在审美过程中，审美主体将个人情感投入其中并使其审美体验得以发生与深化，这样一种体验让审美主体与影片中的人物保持一致性，情感上产生相似性与认同感。可见，审美活动的情感性表达是审美体验的重要组成部分。

如岸边离别的戏，静秋登上对岸，两人隔岸相望，相向而走，停下脚步相望时，音乐若有似无地响起，其表现方式不是浓烈的渲染，而是低声的吟唱、凄然的守望。张艺谋想要表达的是对真挚情感的赞扬和歌唱，而非商业化的煽情，将老三哀伤的神情和满腹的留恋都化为“山楂树”般坚韧的守望。镜头分别通过远景、中景、特写、再远景的组接表现老三的痴情与执着，对人物面部表情的刻画，更加强化了这份爱情的圣洁和真实。电影对特殊年代爱情的礼赞与观众心目中当下现实情感的对比，能够让审美主体产生直观的体味，这种直觉体验效果无疑会使观众产生对主人公情感的认同，悲剧的结尾强化了主人公爱情的崇高与伟大，使这种“纯美”的爱情更加刻骨铭心。观众的悲情体验使美的感觉得以强化，审美体验又加强并创造了“美”，也拉近了观众与影片中人物的时空距离，达到精神领域的完美契合。

影片结尾处，张艺谋将奔跑的“极动”镜头与走进病房时的“极慢”镜头对比组接，形成强烈的节奏对比，表现出人物内心受到的强烈情感冲击，同时也刺激观众的视听感受。静秋缓缓地走进病房，悬念即将被解开，静秋动作上的迟疑也表现了她内心的矛盾——短暂的重逢和永世相隔的宣判。病房里，众人渐渐散开加强了观众对结局的期待，最终老三瘦骨嶙峋的形象推动了人物情感的总爆发，并将观众的所有感官调动起来，使其进入“物我两忘”的审美境界。从静秋的“失语”到“我是静秋，我是静秋”的人物语言设置，重点表现人物内心的挣扎，这种情感的宣泄为“纯美”的爱情增添了悲情意味。那张高悬天花板之上的合照，象征着爱情的坚贞，也是对那个特殊年代美好回忆的缅怀与歌颂。导演刻意规避了煽情的情感抒发，让观众的情感一直处于累积沉淀的过程中，最后的结局看似俗套却是一场彻底的情感爆发。

经历感情积压的观众最终产生出一种“纯美”消逝的凄婉和哀伤。结尾处那棵历经风霜雨雪的山楂树象征着老三，世代守望着静秋和他们纯美圣洁的爱情，成为一种意象符号。电影成功地让观众进行了“纯美”式的审美体验，它的情感性、直觉性、整体性和创造性的审美特征让走出影院的观众仍然沉浸在由主题音乐带来的回味与反思中，“纯美”式审美体验转化为一种创作者与欣赏者之间的共同体验与感悟。

### 三、《山楂树之恋》的审美价值阐释

行色匆匆的当下，人们的情感追求变得瞬时、功利，信仰的缺失和道德的败退更让社会风气笼罩在欲望的宣泄中，使电影的审美教育功能迅速被消解。个人价值观念的迷失，带来崇尚物质享乐与拜金主义，人们开始主动放弃精神追求，曾几何时；爱情被当成一种消费品，变得可兑换、可买卖，所谓“纯美”爱情已成为无稽之谈。《山楂树之恋》的“纯美”爱情和质朴表达皆回归感情的本真状态，那种爱情的真挚与执着正是现代人当下缺失却仍在不断追寻的东西，这种镌刻的精神与现实物质化追求的对比，带来的是更为强烈的审美体验，迫使人们进行自身的反观。

那个年代的“纯”不是简单的无体验，而是思想上的无杂念，电影里展现的就是那个年代的感情的干净、简单和纯粹。由于年代久远以及思想的差异，如何使电影表现的内容与观众的审美心理趋同，是导演需要解决的主要矛盾。张艺谋综合运用电影的表现手法从情感的唯一性、感官直觉的形象性、故事的整体性和观众审美心理的创造性与补偿性上进行推敲，营造出“纯美”式审美体验。电影结束时给观众带来平静而又深省的审美体味，同时将观众自觉引入一种对“纯美”感情的期待与复现中，这样一种体验可以影响人们的审美品位，形成一种审美格调，重塑高雅、健康、纯正与广阔的审美趣味。一部电影的审美功能既能够带来老一辈人对 20 世纪生活体验的回味；也可以再现生活，拉近与现代人的距离，用电影语言的直观形式表现人们对“纯美”情感的呼唤。对曾经历过 20 世纪六七十年代的人来说，“山楂树”是一种符号象征，它召唤出的是那个特殊年代的独特记忆。电影元素带来的真切感受是超越时空距离的，引发的审美体验也是真实、贴近的。它带给老一代的更多的是怀念与珍视；而对于未曾有过类似经历的年轻一代来说，缺失了日常生活体验，体味和感悟就会苍白而无力。但正因为如此，陌生感和猎奇性又让人产生朦胧的神秘感觉，为了满足欲求，而激发审美的动力。影片通过对那个年代爱情的一种祭奠与缅怀，带给世人一种审美反观，不同层面、不同年龄的观众在欣赏电影的过程中都得到了一种心灵的慰藉和精神的滋养，而这种审美体验也许正是该影片的美育功能所在。

《山楂树之恋》或许未能给观众带来强烈的视听盛宴享受，但在精神领域所发挥的情感净化作用确有着深远的文化内涵。这种审美体验具有超越性，是复现也是创造，在今后较长一段时间内势必影响一批受众的审美活动及创作者的创作方向，这正是笔者研究张艺谋电影“纯美”式审美体验的目的所在。

## 第二节　“笑与美”：试论当代高票房喜剧电影的美感体验

2015 年，奇幻喜剧电影《捉妖记》的上映，开启了新一波喜剧热潮，自此，喜剧电影不断刷新票房纪录。后来的《美人鱼》更是以 30 多亿元的佳绩高居榜首，笑傲群雄。喜剧电影大获成功与观众的审美心理需求是紧密相关的。根据马斯洛“需求层次理论”，欣赏影片是观众获得美感体验的一种“自我实现”，因为在此过程中观众会产生身心愉悦的感觉。“观众作为人，特别是作为一个具有七情六欲的人，在无意识深处存在着一定强度的感情欲望，这种感情欲望作为一种动态结构，作为一种紧张力，总是要求得到满足和释放。而人的欲求愿望一旦得以满足，紧张情绪便得以释放，身体就会进入和谐状态或达到平衡状态；人的感官、心理、精神也因之进入全面的愉悦状态。这就是人的精神心理的‘愉悦’原则。”❶ 喜剧刚好满足了观众的审美心理需求。

席勒在《论崇高》中说：“假如没有美，我们的自然使命和我们的理性使命之间就会有不断的斗争。”❷ 生活需要美，观众需要高层次的美感体验，而这正是喜剧审美价值的所在。“喜剧来自笑”❸，因此，喜剧美感最突出的特点就是笑，中外众多美学学者对“笑”与“喜剧性”进行了界定。黑格尔指出：“最平庸和最无聊的东西会惹人笑，同时最重要和最深刻的东西也会惹人笑，如果这里露出和他们的习惯与日常的观点相违背的最微不足道的情况。笑在这时只是一种自鸣得意的聪明的流露，只是一种说明他们有足够的聪明来理解这种对比和自己意识到这一点的标记。”❹ 可见，喜剧性对象必须具有“最重要和最深刻”的内容，才不至于单纯得“可笑”，乃至成为“最平庸和最无聊的东西”，而这种“可笑”“平庸和无聊”，便是“滑稽之笑”。

《苏联哲学百科全书》对喜剧所下的定义是：“喜剧是反映现象或事物之不完善的、陈腐的、有缺陷的内容和它们力求显得完美和有意义的形式之间的不协调性的一种美学范畴。发现和揭示这种不协调性便产生喜剧感。喜剧永远是可笑的——这正是喜剧特征之所在。与此同时，喜剧与可笑又不同，它具有社会意

---

❶ 章柏青，张卫．电影观众学［M］．北京：中国电影出版社，1994：236.

❷ 刘小枫．德语美学文选：上卷［M］．上海：华东师范大学出版社，2006：46.

❸ 中国社会科学院文学研究所．古典文艺理论译丛［Z］．北京：知识产权出版社，2010.

❹ 黑格尔．悲剧、喜剧和正剧的原则［C］//刘小枫，选编．德语美学文选．王汝，译．上海：华东师范大学出版社，2006：124-125.

义，与建立正面的美学理想相联系。”❶ 李渔说：“非但风流跌宕之曲，花前月下之情……亦当抑圣为狂，寓哭于笑。”❷ 在李渔看来，即使再严肃的社会内容，也可以从中找到喜剧性；就是悲剧性的因素，也可以注入喜剧中去，化悲愤于嬉笑怒骂之中，从而产生喜剧的艺术效果。如果说“滑稽”是“可笑的”，是“味浓而意浅”的；那么幽默则是理性的，是“味浅而意深的”；而“寓哭于笑”，笑中含泪，悲中有喜，悲喜交加，才能使喜剧的美感得到最充分的体现。

### 一、滑稽的可笑

喜剧往往以丑为表现对象，而丑正是滑稽的本质所在。亚里士多德早就指出：“喜剧是对于比较坏的人的纂仿，然而，‘坏，不是指一切恶而言，而是指丑而言，其中一种是滑稽。滑稽的事物是某种错误或丑陋，不致引起痛苦或伤害。”❸ 这就表明亚里士多德把丑与喜剧特定的“滑稽”联系了起来。车尔尼雪夫斯基则更为明确地指出：“丑乃是滑稽的根本和本质。”❹ 滑稽乃是较低层次的喜剧形态，不能直接作为美的对象，引起人的美感。作为一种喜剧要素，滑稽侧重以外在的形体、动作、表情、姿态或衣着装扮等引人发笑，有较强的喜剧效果，但一般不含有深刻的理性意蕴。

黑格尔在《美学》中说道：“然而不是任何缺少实体性的行动，仅仅由于缺少，就有喜剧性。人们往往在这一方面，把可笑性和真正的喜剧性混为一谈。本质和现象、目的和手段之间的任何对比，都可能是可笑的；可笑是这样一种矛盾：由于这种矛盾，现象在自身之内消灭了自己，目的在实现时失去了自己的目标。但是对喜剧性，我们还应该提出更深刻的要求。”❺ 当代高票房喜剧电影中充斥着大量的“滑稽”元素，解构经典形象，矮化、丑化国人，导致人物性格扭曲。“母亲”二字在人们心目中一般都是亲切温暖而神圣的，《夏洛特烦恼》

---

❶ 陈孝英．幽默的奥秘［M］．北京：中国戏剧出版社，1989：60.
❷ 石锋．喜剧：以超越走向自由［D］．辽宁：辽宁大学，2013.
❸ 亚里士多德．诗学 · 诗艺［M］．罗念生，译．北京：人民文学出版社，1962：16.
❹ 车尔尼雪夫斯基．美学论文选［M］．缪灵珠，译．北京：人民文学出版社，1957：111-112.
❺ 黑格尔．美学（第三卷）（下册）［M］．朱光潜，译．北京：商务印书馆，1981：290.

中夏洛的母亲却打破了这一“传统”的禁锢，她不仅抽烟成瘾，而且当校长劝退夏洛时，竟然当众“解扣”，诬陷校长非礼，最后当夏洛重病住院，她更是与夏洛好友展开不伦之恋。虽说夏洛母亲的种种行为都为影片增添了不少笑料，可是观众在笑过之后却无法产生共鸣，甚至因为过度消解权威而反感。这样的“笑”并不是喜剧性的“笑”，而只是一种可笑。单纯以“滑稽”为笑料的喜剧是肤浅的，它缺乏社会内容和意义，只能引发低级庸俗的笑，使观众觉得枯燥无聊。

## 二、幽默的发笑

喜剧的笑往往通过对丑的本质的认识和否定，而使人产生美感。“丑只是喜剧反映的对象而已。对象不等于内容，艺术内容中更重要的是对描写对象的审美感情和审美态度。”❶ 正如《夏洛特烦恼》中的马冬梅，虽然她的外表以及行为都显得十分“滑稽”，甚至可用“愚笨”来形容，但是这种“形式的丑”却恰到好处地反映出她“本质的美”。而她所带来的美感，则是幽默的。“高度的幽默和高度的严肃常化成一片，一讥一笑，除掉助兴和打动风趣以外，还有一点深刻隽永的意味，不但可耐人寻思，还可激动情感，笑中有泪，讥讽中有同情。”❷ 马冬梅的形象就具有这种深刻隽永的意味，电影中的马冬梅不管是在现实世界中还是在夏洛的梦境中，都义无反顾地选择自我牺牲。在现实中，她为了养活一事无成的夏洛而辛勤工作、起早贪黑，全然没有女人该有的模样；而在夏洛的梦境中，她为了保护夏洛不被地痞流氓伤害，甘愿牺牲自己的身体。马冬梅虽然性格大大咧咧，可她这种“表面的滑稽”更能体现她“骨子里的沉痛”。又如，《美人鱼》中，珊珊蹒跚的走路姿态以及夸张的妆容是滑稽的，但她能够冷静、超然地对待刘轩，并没有像普通“人鱼”一般对他“杀之而后快”，而是在危急关头放下了杀念，这令人回味。幽默与智慧相连，不以引人发笑为目的，具有温和与

❶ 段宝林．笑话：人间的喜剧艺术［M］．北京：北京大学出版社，1991：183.

❷ 张健．征服与遁逃：朱光潜喜剧美学思想初论［J］．北京师范大学学报：社会科学版，1998（6）：49-57.

机趣之美。

宗白华说过："在伟大处发现它的狭小，在渺小里却也看到它的深厚，在圆满里发现它的缺憾，但在缺憾里也找出它的意义。于是以一种拈花微笑的态度同情一切；以一种超越的笑、了解的笑、含泪的笑、惘然的笑包容一切以超脱一切，使灰色黯淡的人生也罩上一层柔和的金光……这是一种所谓幽默的态度。真正的幽默是平凡渺小里发掘价值。以高的角度测量'煊赫伟大'的，则认识它不过如此。以深的角度窥探'平凡渺小'的，则发现它里面未尝没有宝藏。一种愉悦、满意、含笑、超脱，支配了幽默的心襟。"❶ 这正如卓别林所塑造的一系列角色，在平凡中挖掘非凡的价值。他所演绎的都是底层的小人物，可正是通过这些"平凡渺小"的普通人物，展现了针砭人性的弱点、警示人生的误区、对资本主义社会的批判等深刻的主题思想。卓别林善于运用他卓越的哑剧表演天赋和丰富的面部表情，加入杂技动作和夸张的肢体表演，以这种诙谐、夸张的系列造型表演的喜剧表现形式使观众发笑，然而在笑声背后却有一股人性和社会的悲凉感。

喜剧是"庄谐兼济，悲喜浑融"的，它不是那种浅薄的嬉笑，而是带有审美价值的"笑"，是一种幽默的笑。这种笑不仅能摧毁一切无价值、虚假的、丑恶的东西，而且引导人们追求有价值的、合理的、美好的东西，人们在喜剧所引起的笑声中，提高了自己的精神境界，因而产生美感愉悦。

### 三、含泪的微笑

喜剧电影要让观众开心地笑，但仅仅有笑是不够的，还应该让人笑得美好、笑得深沉、笑得发自内心、笑得潸然泪下。只有关注人们真实生活中的生存处境与精神困境，发现他们的理想与现实之间的可笑差距背后的悲哀，才能够创造出有深意的喜剧影片。不过，这还需要悲剧性与喜剧性的结合，使得"俗者得其浅，雅者得其深"。卓别林说过："我从伟大的人类悲剧出发，创造了自己的喜

❶ 宗白华. 艺境［M］. 合肥：安徽教育出版社，2006：158.

剧体系。”[1] 这是自觉地将悲剧因素融入喜剧创作中的典型。正因为如此，喜剧的美感和悲剧的美感常常互相联系，作为喜剧美感的笑往往暗含悲愤的色彩。

王国维的喜剧“痛苦说”的真正历史意义就在于它执意要打破主观式的沉迷，破坏自欺式的喜悦，结束这种古典式的和谐，让人们睁开双眼看一看这充满痛苦和缺失的人生。笑的背后不一定是单纯的喜悦，还可能是不快、痛苦乃至愤怒等。在深刻的喜剧性中往往能看到悲剧性的痕迹，这种通过眼泪发出来的笑声常常具有更加感人的艺术魅力，例如，卓别林常常在他的喜剧电影中传达出资本主义社会“小人物”的悲剧性。卓别林一针见血地指出，在艺术中笑声和眼泪具有同样强大的力量，一语中的地揭示出悲喜剧艺术的内在魅力。笑声不仅是一种揭露丑恶现象的武器，同时也是一种无穷无尽的快乐的源泉，它鼓舞人们坚定对生活的信仰、对生活目标的追求，正是在这种意义上，喜剧性与悲剧性同样具有不可低估的美学价值。[2]

反观《夏洛特烦恼》，它虽然经常把观众逗得捧腹大笑，但其中不乏真挚感人的动情时刻，这使得影片悲喜交加，笑中含泪。例如，夏洛在梦境中见到了已去世的母亲，他激动得上前一把就抱住了她，犹如见到了失而复得的珍宝。又如，夏洛在梦境中“功成名就”后重返与马冬梅在现实世界中居住的小屋时，失意感与困顿感便席卷而来，夏洛开始怀疑自己所拥有的一切是否真的那么宝贵和值得，又在感伤自己失去的东西是否真的一去不返。当夏洛得知马冬梅已经真的不再属于他时，那种失落的眼神撩拨了观众的心弦，因为每个人都有埋藏在心底的遗憾，这份遗憾可能是失去一个人，可能是错过一段感情，就如失去了马冬梅的夏洛，离开之后，才发现马冬梅是自己最爱的人，这种感觉是寂寞而绝望的。

喜剧因素和悲剧因素巧妙地结合在一起，既使人感到可笑，又使人感到可悲，因而深刻地反映出特殊的现实矛盾，产生了独特而强烈的审美效果。[3]《美

[1] 库卡尔金．卓别林评传［M］．芮鹤九，译．北京：中国电影出版社，1984：208.
[2] 彭吉象．试论悲剧性与喜剧性［J］．北京大学学报：哲学社会科学版，2004（4）：126-131.
[3] 彭立勋．笑：喜剧美感的突出特点［J］．江汉论坛，1985（11）：70-74.

人鱼》的结尾，幡然醒悟的刘轩抱着身负重伤的珊珊，忍着身上的剧痛一步步走向海边。他走的每一步都代表着与过去那个“利欲熏心”的自己的告别，同时也意味着“有良知”的自己的回归。而他的这种转变是因为珊珊的勇敢与善良打动了他，珊珊用自己的“真情”唤醒了刘轩，同时也唤来了观众无尽的感动，尽管观众为刘轩的走路姿势所逗乐，但这种感情在“笑与泪”“悲与喜”中得到了升华。

喜剧的美感和悲剧的美感常常互相联系，笑作为喜剧美感往往渗透着悲愤的色彩，这种笑体现为“含泪的笑”。喜剧要求创作主体真实地挖掘客体对象本身所包含的悲剧与喜剧因素，肯定有价值的悲剧因素并寄予深切的同情，嘲讽无价值的喜剧因素并给予一定的宽容，让人们在笑与泪中唤醒心中真诚的、美好的东西。

虽然当代喜剧电影获得了巨大的商业成功，但其中大多数美感元素还停留在“可笑”的层面。喜剧电影不仅需要“滑稽的笑”来增强影片的喜剧效果，还需要“幽默的笑”来实现理性与智慧的超越，更需要“含泪的笑”来鞭挞社会的丑恶，在意犹未尽中引人深思。只有真正将这三种不同美感层次的“笑”相结合，使它们相得益彰，才能让国产喜剧电影拥有独特的艺术魅力，才能让当代喜剧电影在中国乃至世界电影史上留下辉煌的印记。

## 第三节　周冬雨系列电影中的青春审美文化体验

### 一、身体——审美理想与价值标准的呈现

身体是人生命的基础，是一种自然的生命存在，是人体美的最直接的感性展现。社会通过文化的调节与规范，作用于身体，强加给身体以文化意蕴，身体就成了一种文化的存在，承载着美学下的青春欲望。

#### （一）“小清新”的青春形象

作为青春小清新的象征，周冬雨这个名字既是审美文化的符号，也是一种象征的符号，引发了观众的审美知觉，就像我们看到落叶飘零的秋景会引起萧瑟的

心境，看到滔滔东流的大河会感到岁月的流逝和历史的无情，而当提到周冬雨时就会想到古灵精怪的表情，吐着舌头的邻家小妹和小清新的青春电影。拉康在镜像理论中提到，主体只有通过景象阶段，才能认识自己。自我是在他者中生存，只有在他者中才能发现自我。❶ 周冬雨作为利用高新技术按定型的社会趣味生产出来的具有偶像意义的美的电子青春形象，通过银幕中的青春展现引导着受众通过模仿实现对青春身体的塑造，审美化青春的消费性与技术性的融合产生的这种青春的意象与克莱夫·贝尔所说的“有意味的形式”相结合之处，即把内在生命的激情和愿望加以外化、符号化和生命化。无论是《山楂树之恋》里纯净质朴的下乡知青女孩“静秋”，还是《同桌的你》里青涩懵懂的周小栀，周冬雨通过角色塑造的青春小清新形象深入人心。视觉化特征不再仅仅停留在有用性的层面，而是因为象征性获得了美与精神内核，人与物互为指涉。青春电影是成长的隐喻，青春电影的叙事策略与美学表达互相转化，共同书写了成长中的青春。

### （二）欲望消费下的青春身体

青春身体得以塑造与呈现基于身体规训手段的变迁。按照福柯的规训与惩罚理论和费斯克所揭示的“规训与解放”的身体政治学原则，青春审美文化对“青春身体”生产的规训手段已经不再是通过暴力、血腥的惩戒方式来完成了，而是通过让身体感觉到这对身体存在切实的好处，最为强烈的作用效果就是通过“美”来完成的。而对“青春”的审美化呈现，就是将“青春”主题展现为无距离的感性形象，让个体沉浸其中，投射个人关于“青春”的欲望，并且即时获得关于“青春”的感性体验。❷

弗洛伊德认为，潜意识是个体真正的精神现实，潜意识的基本内涵就是性欲的冲动，这种冲动是现实人的本性。❸ 而这种欲望的投射与渴望来自美的身体的青春形象，带动的是模仿下的青春文化消费。鲍德里亚在他的代表作《消费社会》中指出：与单纯的文字相比，在发达的传媒技术下变得更为生动直观的图像

❶ 张东林．科幻电影：在幻象与本体之间［J］．电影艺术，1994（1）：40-45.

❷ 余虹．审美文化导论［M］．北京：高等教育出版社，2006：287.

❸ 孙淑桥．透过弗洛伊德潜意识来探索人的本质［J］．陇东学院学报，2009（4）：75-78.

为人们更简单、更享受地获取信息和愉悦提供了可能。而身体作为一种“比其他一切都更美丽、更珍贵、更光彩夺目的物品”[1]，就自然而然成为被广泛关注和消费的对象。无论从影视屏幕到户外广告，还是从护肤产品到香车豪宅，这些借助于影像、艺术、时尚的审美活动所产生的物化产品使得生活中处处都充满了“性感”的青春审美呈现，而在这种审美文化的无意识消费下，维护重塑个体的形象。

《同桌的你》中，周冬雨饰演文静秀气的转学生周小栀，转学后结识了同桌林一，讲述了他们从初中、高中、大学直至毕业十年后的青葱岁月和甜蜜恋情，在这部电影中，重现了许多我们熟悉的校园片段，展现了一代人的青春回忆。电影就是造梦的艺术，通过电影的造梦功能，在现实中难寻觅的纯洁幻想，能在青春电影中得到满足。而周冬雨凭借这类青春电影，塑造的清纯、小清新的形象赢得了很多观众的喜爱，使得周冬雨享有了一种对清纯资源的占有，通过周冬雨的代言，商品生产者能够进而鼓励人们去消费，仿佛消费周冬雨代言的产品就是获得了一种清纯的权利。“青春性感身体”体验满足了个体自我认同的同时，也带来了无限的消费欲望，人们更加注意身体的文化品位，因而塑造一个健康、美丽、性感的形象也成为当代社会个体的价值追求与理想目标。青春身体正是在这种消费文化中被这种时尚的文化观念通过模特明星或健身美容制造出来的青春形象，出现在电子媒体中的青春身体，被赋予了超人的魅力，引导着大众进行自我身体的青春审美化呈现。

## 二、性别——自我意识的觉醒与反叛

从生理意义上来讲，青春期是人体结构趋于成熟、定型的时期，两性特征也在此阶段形成并标识出来，在心理意义上，除了上述的人格自我意识，性格自我意识也开始形成并初步确立。周冬雨系列电影中所塑造的女性形象一改女性娇弱柔美的定位，而是饱含着对女性主义的思考与女性定位的反叛。

[1] 让·鲍德里亚. 消费社会［M］. 刘成富，全志钢，译. 南京：南京大学出版社，2008：120.

### (一)基于青年亚文化的边缘反叛

以“青年”为年龄分期来划分出的亚文化，是基于青年人的某些心理、生理特征而定义的。由于在成人世界中青年人缺少话语权和主导权，他们无法用同等的权力去对抗强势文化和现有的权力体系，所以他们更擅长在公共空间中运用无害符号的颠覆性手段来隐蔽这种对抗性，从而用消解和躲避权力的方式来推翻社会和意识形态给他们建构的主体，并从这种反叛中获得挑衅的快感。❶

笔者认为，青年亚文化中所呈现的“青春反叛”的边缘题材主要包括三个部分，即女性形象、边缘情欲及边缘人物。第一，中国在影片中着力塑造女性形象，开始注意到女性角色不容小觑，女性逐渐成为主要角色，男性则退居次要或者被动地位，女性在电影中不再是柔弱的代表，不再保持着缄默与屈从的态度，而是自立、乐观、坚强又不失高雅的品位。第二，中国边缘题材的电影除了要打破传统道德对女性的压抑和束缚，还尝试打破“性少数”的歧视，在诸多电影中，男闺密是时常出现的形象，他们身上不再有男权的压迫和健壮的体魄，而多了一分脱离社会主流认同的魅力。对于同性恋和双性恋的话题不再刻意规避，中性化形象的出现“减轻了人为建构的性别标准对男性和女性的压迫，从而减轻了男人和女人为展现性别而面临的压力”。❷ 对传统的两性社会性区别原则具有颠覆性的影响。边缘身份的特殊性能够在女性电影中更加丰富影片的内容。同时也反射出导演的个人风格和人文关怀。第三，边缘人物既不具备社会主流精英的才能，也不具备英雄的气概和美人的资质，男性和女性在能力上没有太大的差距，他们只是普通而真实的普通人物。

### (二)基于女性主义的本位思考

在父权社会体系中，诸多作品以男性的观点把女性放在一种受压迫和需要解救的角色定位上，女性的价值更多地被定位于家庭之中，女性视以家庭为半径的人生为天经地义，视在社会事务中的无所作为为理所当然。“贤妻良母”成为衡

❶ 杨柳．消解与恶搞的狂欢：国产小成本喜剧电影与青年亚文化［J］．北京电影学院学报，2010(2)：25-30.

❷ 李银河．超女是“跨性别主义”的胜利［N］．南方周末，2005-08-25.

量女性价值的天然尺度，女性把“夫荣，子贵”作为自我价值的最高追求目标。笔者认为，与其说周冬雨的系列电影是青春小妞电影，倒不如说是充满女性本位思考的女性电影。在女性电影中，女性不再是依附于男人存在的一种生物，她们坚忍、勇敢、果断，有独立的思考与作决定的权利。由于领袖风范、出众才华等女性魅力在中国的银幕形象上集体缺失，那些美貌的女性大多有着不幸的宿命，所以支撑女性反叛的清纯、可爱、勇敢等种种特征就造就了眉清目秀却无女性娇美的中性形象，这恰恰也是周冬雨的风格所在。

伴随着中性化的形象，她们往往有一种女汉子的性格，马虎、莽撞、温柔不足、倔强有余。她们在相貌身材上并非十分出众的美女，性格也并未被按照善良、积极、努力的模式打造。《七月与安生》中，周冬雨饰演的安生叛逆不羁、张扬似火，一款复古短卷发造型配上她的眯眯眼看上去可爱又俏皮，她的身体里仿佛就藏着一个安生，野蛮生长、自由不羁。她和马思纯饰演的乖乖女七月有着截然不同的性格和生活方式，安生追求自由、古灵精怪；七月循规蹈矩、恬静如水，但她们是彼此的灵魂伴侣，也是彼此的镜子。此外，作为一部青春电影，《七月与安生》打破了男性话语权威，影片中对男主的角色进行了弱化处理，男主的存在成为故事的背景板。爱情是引起七月与安生冲突爆发的点，但并不是所要呈现的核心，影片更多的则是将目光聚焦于女性的自我成长、自我觉醒、自我追寻的过程，凸显女性对生命、对成长的思考。

如果说影视中的很多价值观和社会主流紧密相连，还不如说影视中人物，尤其是性别审美，更是现实生活中人们的心理投影。编剧笔下银幕之上的人物其实是代表着观众们最喜欢的形象，甚至可能是她们自己换位成为主角，愿意成为那个人。

### 三、风格——审美趣味的变异性创造

青春审美文化对青春的呈现，并不止步于对青春身体的同质化塑造，在受众形成对身体审美的标准后，青春审美文化的一个公开目标就是塑造个体的青春风格。在当代文化背景下，主导当代社会的“求新”意识形态成了强化青春审美

变化倾向的一个原因，新的青春时尚感会通过一个新的青春身体表述出来，而这种青春时尚感就会渐渐转变为对青春风格的追求。青年人在生活中以张扬个性来展示时尚，以时尚来标榜个性。

### （一）“小妞”的青春个性

从小妞电影的形象上看，小妞们摒弃了温顺、乖巧的好女孩形象，取而代之的是独立自主、敢爱敢恨的女性形象。无论是《七月与安生》中浪迹江湖游走在世界边缘，饱尝生活酸甜苦辣的安生，还是《喜欢你》中的鬼马厨师顾胜男，抑或是《后来的我们》中的北漂女孩方小晓。在小妞电影中，小妞们通常都是表面大大咧咧，内心脆弱敏感的女生，她们有自己的个性，在生活中独立、乐观又不失对美好生活的追求与对爱情的向往。[1] 周冬雨诠释的小妞形象鲜明生动，女主形象欢脱而热烈，几乎可以看作新时代年轻人的缩影。

“小妞电影”以女性的视角讲述青春成长过程中的痛苦与碎裂，笔者认为，这并不是全部，更多的“小妞电影”注重表达碎裂后的重组以此来获得成长，它不会像伦理剧那样正面直视青春伤疤，也没有沉重的反思，而是通过幽默的主人公形象让观众在看到青春经历留下痛苦的同时，看到她的自信乐观与坚强，从而获得一种心灵的慰藉与释然。同时，小妞电影作为电影的一种形式，必然会注重情节的冲突与矛盾点的刻画，但无论经历多大的困难与挫折，其结局往往都是大团圆，给电影中看到自己影子的观众带来情感的放松与对生活美好的期待。

### （二）轻喜剧的审美趣味

“孩童化”定义了青春审美文化的娱乐本质，带给观众轻喜剧的审美体验。周冬雨的大量青春电影并不止步于带给观众浪漫与感伤的审美体验，其中会采取喜剧味不是很浓但会令人感到温馨，或多或少会有一些反映当时社会现状的情节和讽刺意味的喜剧形式，即轻喜剧形式。轻喜剧的叙事不是堆砌大量的疯狂的笑料来令观众宣泄情绪，而是力求一种淡淡的幽默氛围中放松观众的心情，抚慰观众焦虑不安甚至受过伤害的心灵。在弗洛伊德看来，在个人层面上，笑话充当一

[1] 罗婧婷. 中国内地小妞电影研究［D］. 重庆：西南大学，2015：31.

种释放的功能，它们为那些发笑的人提供必要的治疗与释放，减轻人们的担忧和顾虑，因此，喜剧作为一种大众形式起到了缓解社会整体压抑的作用。[1] 轻喜剧的情感表达在缓解现实生活压力的同时，也成为最能反映当今生活热点的艺术形式。

所谓轻喜剧体验，从形式而言，更多的是考虑到青年观众的欣赏口味，拒绝沉重和深度的话题，采用轻松愉悦的风格，拒绝过多的意义承载，追寻青春审美文化的娱乐本质，而轻喜剧的情感转化则是在青春的疼痛与遗憾中体验青春期特有的生活方式。《喜欢你》中，金城武饰演的总裁路晋和周冬雨饰演的厨师顾胜男是一对“欢喜冤家”，影片讲述了她们因美食结缘的轻喜剧故事。两位性格迥异的主人公将观众带进了一个轻松、愉悦的氛围。路晋毒舌、严厉、霸道，对饮食挑剔，总是给顾胜男出各种难题，周冬雨饰演的顾胜男泼辣爽快、神经大条，在喝醉酒后撞进有洁癖的路晋的房间，给他制造各种麻烦。突发的事件与戏剧性的情节不断制造着戏剧冲突，在不经意中带给观众喜剧效果。在这部影片中也脱离了传统霸道总裁故事中女主“傻白甜”的形象，而是凭借自己的做菜天赋和独特的个性获得了对方的好感。

渐趋流行的青春电影更加沉醉于青春成长与反叛的基调，随着商业文化的发展，青春主题的表达更容易受到商业环境和多重文化因素的影响。周冬雨系列青春电影所带来的不仅是一个美学体验，更多的是一份人文情怀。一个乐观坚强又不失高雅品位的小妞形象，带着个性与风格向人们在最美好的年华对生活的态度，它向影视作品发展的长河投下一块沉重的石头，溅起的水花是新的创作思维，使今后的影视作品更注重当下人们的心理层面，脱离青春电影同质化的现象，带给观众不一样的青春回味。

[1] 约翰·贝尔顿．美国电影美国文化［M］．米静，马梦妮，王琼，等译．上海：上海人民出版社，2010：172．

# 第四章

# 电影《白日焰火》的审美韵味

# 第四章
# 电影《白日焰火》的审美韵味

## 第一节　中国式黑色电影《白日焰火》

2014 年 2 月 16 日，由华语导演刁亦男执导，廖凡、桂纶镁和王学兵主演的电影《白日焰火》在第 64 届柏林国际电影节上分别将最佳影片金熊奖和最佳男演员银熊奖斩获囊中。如此殊荣，不仅让导演刁亦男在上台领奖时激动得哽咽道“这个梦，不要醒”，也似乎让国内观众和电影界人士畅想起华语电影的“中国梦”。一时间，“刁亦男”“黑色电影”“中国黑色电影”“华语艺术骄傲”等关键词成为国内外各种新闻报道和学术探讨的关键词，那么《白日焰火》是一部怎样的中国式黑色电影呢？本章试加解读。

### 一、典型的黑色电影人物设置和搭配

“黑色电影”主要是指 20 世纪 40 年代至 50 年代初的好莱坞影片当中，以表现犯罪、侦探为主的一批影片。可以把黑色影片看作电影类型的一种，也可以看作一种视觉风格特征和一种情感倾诉的倾向。[1]“黑色电影”填充了揭露生活里

[1] 邹懂礼.“黑色”影像里的社会与人生：黑色电影研究［J］. 河南教育学院学报：哲学社会科学版，2004（4）：38-42.

阴暗的一面和人性复杂的电影的空白。在黑色电影中，我们可以看到对于人性和理性的不停推敲，以及对现实中权力政治、法律秩序，乃至社会意识形态的严肃拷问，极具现实主义批判色彩。当然，黑色电影的力量并不仅仅是让人们毛骨悚然，在看似悲观和绝望下，也折射出人性和理性的光芒，传递出对于人类理性和理性社会伦理关系的阵阵呐喊。导演刁亦男在多次受访中提到，《白日焰火》里确实有着他对“黑色电影”的一种致敬情怀。

黑色电影中典型的人物设置和搭配是有至少一男一女作为组合主角，男主角既不是一个盖世英雄，也不是一个绝对纯粹的恶人，他不是开朗热情或乐于助人的人，而往往是一个喜欢独自行动并略显孤僻和神秘的男子。女主角大多是拥有美丽外表和高冷性格的人，在影片中，一切的谜团、阴谋、罪恶都以女主角为中心，随着故事发展，始终会成为调查、侦破、解密的中心对象。

影片《白日焰火》一开始，除了抛出一个碎尸案件外，也让我们第一时间看到了男主角张自力平凡甚至是不够美好的一面。与前妻在宾馆的“最后一次”，以及在分别的车站不愿放手，还想与前妻继续有牵扯，甚至其脖子上那根足够粗的黄金项链，都让我们对张自力这个人物没有多少好感，会觉得有点儿粗鲁、猥琐。直到他回到警队参与碎尸案件调查时，我们才有点儿诧异和尴尬地明白和接受，原来他是个警察，或者说原来这个警察也是个普通人，是个刚刚失婚的寂寞孤独的男人。后来，他因为工作失误沦为工厂保安，意气风发的警察沦为彻头彻尾失败的醉鬼，脱离原有的同事和朋友，变得空虚孤僻和寂寞。后来，张自力之所以会坚持将案情一查到底，也许正是因为婚姻、工作、生活的这些种种失败、不如意，如他台词中所说的一样，“只为了让自己输得慢一些”。

再看另一核心人物——女主角吴志贞。如果说整部影片以侦查案件为主，我们不难发现这个侦查可以分为三个层次和阶段：一是开始误以为死者为吴志贞的丈夫梁志军而展开侦查；二是因为正准备与吴志贞结婚和刚开始与吴志贞谈恋爱的男子都被杀害而展开侦查；三是因为发现最开始的死者另有其人，而此人的皮氅恰好是五年前被吴志贞洗坏的。如此看来，整部影片都是紧密围绕女主角展开的。以上是典型的黑色电影人物设置和搭配的关键。

## 二、黑色电影的自有叙事倾向

有人把黑色电影看作一种电影类型，而更多的理论研究者则认为，它是一种情绪或风格，但他们也承认黑色电影的称谓，在叙事上也可以找到它们的一些共有的或相似的模式。美国电影理论家詹·达米科对黑色电影叙事模型的初步原型作了归纳："一名男子不论是由于命定的要因巧遇而行动，还是由于他受雇于人专门应付某一女子，他们的生活经验使他们充满血性却又时感痛苦。邂逅了这具有同样的人生观的并非天真无邪的女子，他从性的方面被她吸引，从而难逃厄运。通过这种吸引力，不管是由于女子的诱惑，还是由于他们的关系的自然结果，该男子陷入设谋欺骗、蓄意谋害或实际谋杀另一名男子的境地，此人是那个男子不愿意接触的（通常是她的丈夫或情人）。这种行动往往导致女子出卖主人公，但在任何情况下，这种行动往往最终给那个女子以及她接触过的男子，往往还有主人公自己招来隐喻性、但又是千真万确的毁灭"。❶

依据詹·达米科的总结，《白日焰火》可以归纳为：一名原本单纯美丽的年轻女子因为错手杀掉以赔偿皮氅为要挟而数度强行与她发生性关系的富豪后，她的丈夫选择将自己人间蒸发变为"活死人"的方式来包庇和保护她。因为这巨大的牺牲，丈夫有了更加强烈的占有欲，于是在"隐身"期间他不惜杀害了另外两名对这个女子产生感情的男人。一个失婚失意的前警察因为被女子吸引，也出于曾经的职业本能，打破了这个"隐身"丈夫的凶残霸占。他与女子间开始的相互吸引让女子看到了"解脱"的希望，于是她故意误导，直至借刀杀人使丈夫灭亡，从而让自己赢得爱情、生活的双解脱。但是"邪不胜正"，尽管这个突如其来的前警察确实还爱这个女子，但是出于良心和道德以及曾经职业的多重质问，他选择将真相告之于警察，让女子得到应有的法律制裁。可见，刁亦男的《白日焰火》在叙事倾向上真的是完整地完成了对黑色电影的致敬，影片看似是三次侦查，实则将故事发展和人物情感、道德、人性拷问一一推进完成。

❶ 詹·达米科. 黑色电影：并不过分的建议［J］. 何小正，译. 世界电影，1988（1）：34.

## 三、中国式的黑色基调与情绪

在黑色电影中，有一种隐约的情绪贯穿始终，有一种扑朔迷离的味道，这种情绪被电影理论家称为秘密的黑色“调子情绪”。这种情绪主要依靠以下方面形成：(1) 独特的具有视觉效果的外景场地，大量具有“黑色”的场景，例如黑暗的长街、光线不足的室内等；(2) 将明与暗进行鲜明对比，让主角隐蔽在黑夜城市的某个角落，或者隐蔽在由明与暗形成鲜明照明对比效果的阴影里[1]；(3) 经常采用带有幽闭恐怖的安排，用门窗或是楼梯的影子将人物从其他人群中抽离出来，体现人物本身的情感抽离；(4) 不可忽略的黑色块元素，可以是光没照到的黑暗之处，也可以用实实在在的类似于黑色家具、黑色汽车等实物来烘托呈现。

虽然这部影片叫《白日焰火》，但是整部影片的“白日”并不多，更多的故事和表达都是在黑夜。也许本身的侦查案件主线路就给观众营造了一种悬疑不安的氛围，再加上大量的黑夜环境，让观众从头到尾有一种凝重压抑的情绪。至于明暗对比在本部影片中也是十分鲜明，影片中除张自力以外的大部分纯粹警察所出现的时候要么是青光白日时刻，要么即使在室内也一定是光线亮堂。而另一人物则恰好完全相反，即吴志贞的丈夫——梁志军。整部影片，只有在野冰场张自力使计推测出是梁志军的那场戏是在白天，其余他的出现都是在夜晚。要么是在漆黑的巷子里，要么是在密闭的宾馆房间内。此外，影片中的黑色块元素处处皆是，黑色的警车、假发、冰鞋等，真可谓“一黑到底”。

如果说细数过往众多华语导演在国际知名电源节上的每一部大作都印证了“只有民族的才是世界的”这一历史性标准，那么刁亦男导演的《白日焰火》或多或少也遵循了这一标准。影片开始，在运煤卡车的后面，跟着一辆敞篷军用卡车，上面站满了解放军，豪迈地高唱着“打靶归来”。在梁志军被击毙后，吴志贞以为自己的生活获得了解脱并能够从张自力那里重新获得爱情时，她改变了自

---

[1] 王猛．黑色电影的“黑色追求”［J］．北京电影学院学报，2008（4）：61-67.

己一贯素色暗淡的着装打扮，穿上了红色的毛衣，围上了红色的围巾。因为红色在中国有着喜庆祝贺等寓意，所以导演这样的安排让我们更加能够感受到女主人公情感的变化。

如果说唱军歌和红色都是表面化中国特色的融入，那么导演刁亦男还将更加深刻的中国特色暗孕其中。首先是男女主角的名字，“张自力”和“吴志贞”。张自力名为自力，实则是失婚失业又失意。如果没有女主角的情爱诱惑，没有之前同事无意间将他带入案件而激起他久违的职业本能，张自力可能一辈子也不再自力了。同样，吴志贞名为志贞实则不是从一而终之人。因为洗坏客人皮氅，自己的钱不够赔便半推半就顺应客人的“以身还债”，因为受不了寂寞而“借刀杀人”将爱自己、为自己宁可消失的丈夫送到警察的枪口下。至于她对张自力的爱，更不敢轻易去判断有多“贞”，因为这样的爱也许一开始就掺杂了利用的成分。男女主角名字的安排，在西方黑色电影中几乎是不可能的，而在中国黑色电影中，刁亦男导演则让它成了引发思考的极大讽刺。

其次，吴志贞与除张自力以外的其他警察见面说起案件的时候，前后的变化和差异是很明显的，而这种变化和差异在某种意义上也与外界对中国女性的理解相吻合。第一次吴志贞与警察们正面交锋是影片开始，警察侦查出死者是她的丈夫，在洗衣店告知她此事并核实的场景。此时，吴志贞全程用双手捂着脸，开始看起来是悲痛，后来想来也许是因为对自己过失行为而引发的一切的害怕，不知道该如何反应，索性用含蓄的哭泣来躲避。这很符合东方女性在大众眼中柔弱的形象。第二次与警察正面交锋是在张自力已经向警队说出了案件真相，警察到洗衣店，要吴志贞自己招供自首的场景。此时，经过五年的种种，吴志贞变得更加“强悍”，没有泪水，没有害怕和胆怯，甚至还有那么一丝“你奈我何”的强硬。如此细微的处理，导演可谓煞费苦心。如果说一开始过失杀死皮氅的主人是被逼无奈，那么到后来的借警察之枪击毙梁志军，却不是诸如之前的单纯无奈，而也许是因为自己这五年来的孤独“陪伴”，感觉似乎已经将自己曾经的罪孽洗清，更加强烈的渴望得到自己真正想要的，所以选择了以这一搏来加以改变，虽然最终还是被警察侦破，但是此时，这个女人已经告别了曾经的单纯与弱小无助，仍然保留着一份自以为可以依赖爱情换来忠诚的侥幸。如此对人物细微的不同表现的处理，看似不经意，实则是煞费苦心，并且对于女性心理有着深刻的解读。

再次，从光影视觉效果来说，吴志贞第一次带着张自力到野冰场滑冰那一场戏的开始，漆黑的冰场里，一束明亮的灯光下，一个穿着花棉袄、扎着辫子的年轻女子在漫天雪花下跳舞般在原地优美地翩翩旋转。这个画面插入悬疑不安的节奏里，十分突出，彰显出导演的设计感。

种种元素的融入，种种文化的蕴含，以及种种故意而为之的设计，都让我们看到《白日焰火》一如导演刁亦男自身所说的是对黑色电影的致敬，同时也让我们看到了其中的中国式表达元素和风格，甚至可以让我们再一次去推测臆想类型电影中国化的种种可能。

## 第二节　论电影《白日焰火》的中国韵味

电影《白日焰火》在第 64 届柏林国际电影节上夺得最佳影片金熊奖。其收获国际赞誉的原因是，其汲取中国古典美学思想的精华，彰显出中国美学的独特韵味与创造力，从而形成独特的艺术风格。

### 一、意象建构：皆灵想之所独辟

白日焰火，绚烂夺目，惊心动魄，带着超现实的不可思议，以真实的社会为黑色的幕景热烈地绽放。白日中的焰火是揭示影片主题的意象。“意象”是中国传统美学的一个核心概念，是被寄予独特审美意蕴的形象世界。

《白日焰火》中的意象饱含“立象以尽意”的韵味。碎尸案贯穿整部影片，生活好似只为破案，惶惶不可终日。碎尸成了令人毛骨悚然的黑色意象，同时也暗示被肢解的不仅是尸体，也是人生。生活是支离破碎的，如同被肢解，无论是张自力、吴志贞还是其他受害者，他们的人生都是破碎不堪的。影片的意象设置追求气韵生动，营造出“象外之意，言外之旨”的意境。沉稳的画面与悬疑的叙事紧密结合，冲突中有平和，平和中有美，美被打破，我们看到血淋淋的真相。在一张一弛中，观众的神经紧紧跟随叙事行进，在矛盾调和后，收获对生命的感悟。

电影作为以视觉造型为主要特征的艺术，从中国美学的意象、意境理论中获得丰厚养分，在有限的影像画面中探寻无限的意蕴。日光下绚烂的焰火，以冰天雪地里荒凉破败的城市为黑色幕景次第绽放，整个社会的黑色构成影片的宏观意象。从脏乱的公共澡堂到霓虹闪烁的舞厅，从简陋的路边餐馆到工业化的厂房，喷着黑烟的机车、纷飞的洁白雪花等构成人们日常生活的图景。电影黑白对比分明的画面中，每个人都像动物一样，在都市“荒原”中行走寻觅。道德缺失，信仰失落，暴力犯罪，现代社会生活中的乱象四溢。恰如刘禹锡在《董氏武陵集记》中所说的“境生于象外”。打破特定时空中客观物象的局限，以有限表无限，达到言已尽而意无穷的境界。从有限的“象”直达宇宙的生命和本体，给欣赏者提供了广阔的艺术想象天地。

电影结尾处，张自力以燃放白日焰火的方式完成自我救赎，白日焰火是开始也是结束，虽真实存在但转瞬即逝，最终在人们心里留下光亮。日光中焰火热烈绽放后，绚烂的姿态便化为虚无，转瞬即逝，因而美得隐晦，美得生涩，美得旁若无人。这样的“无状之状，无物之象”，看不见也摸不着，却是一种合规律的存在，大美无美，妙道自然，至高的形象是无形之象。

在意象的选择和表现上，相比于西方电影美学注重“意象”中的“象”（形式），该片符合中国美学观念，更重视“意”，也就是审美对象的内容。“一个独特的宇宙，崭新的意象，为人类增添了丰富的想象。正如恽南田所说‘皆灵想之所独辟，总非人间所有’。”❶ 这样一个意象世界蕴含了导演对电影的独特理解，抑或是面对人性压抑的消极与绝望，抑或是面对生活困境的理性与思考。

### 二、审美趣味：志隐而味深

“审美趣味是一种审美主体欣赏、鉴别、评判美丑的特殊能力。它是审美知

❶ 宗白华. 美学散步［M］. 上海：上海人民出版社，1981.

觉力、感受力、想象力、判断力、创造力的综合。”❶ 中国古典美学多用“味”表达美，指精神性的体悟。老子把握道，用味作喻，“味无味”，“无味”即为道。刘勰在《文心雕龙·声律》中说“子云沉寂，故志隐而味深”，这里所说的“味”就是美，味与妙相通，与道相通。而西方美学重象，认为审美感官主要为视觉与听觉，味觉感官“意味着肉体的快感与享乐，很容易使人们变得放纵和无节制”,❷ 与审美无关。

《白日焰火》的风格彰显中国传统美学的神韵，“无画处皆成妙境”，以留白的手法模糊地讲述故事，诸多叙事上的空白为影片增添了意味。“志隐而味深”的含蓄成为该片不同于西方经典黑色电影的独特魅力。为什么吴志贞的两次证词满是似非而是的矛盾，究竟是谁杀了李连庆，柳氏兄弟为什么突然袭警，吴志贞为什么要把李连庆的骨灰埋在树下？直到结尾电影都没有明确回答。梁志军杀人违反了法律，吴志贞背叛了梁志军的爱情，张自力背叛对吴志贞爱情的承诺举报了她，而社会秩序在开篇就背叛了张自力，构成一个无休止的恶性循环。在这个结局惨淡的故事里，没有最后的胜利者，也没有谁能够真正逃脱，比碎尸案更复杂的是虚实相生的真相。影片以黑色为幕景，最终一切都融入了那片无边无际的黑暗中。“悲剧的恐惧不是别的，正是在压倒一切的命运力量之前，我们那种自觉无力和渺小感。”❸ 最后在庆功宴上一番逢场作戏后，他还是那个渺小的他，没有人能够在社会中独善其身。从这个层面而言，《白日焰火》比大部分黑色电影更富有悲剧情结。

“慷慨者逆声而击节，蕴藉者见密而高蹈，浮慧者观绮而跃心，爱奇者闻诡而惊听。”❹ 可见，审美趣味是在个体身上体现的，带有个人色彩。观众可以根据自己的审美经验体会影片的“象外之味”“味外之旨”，得到自己的审美判断乃至生命感悟。在《白日焰火》展示的“都市荒原”中，观众看到个人在时代

---

❶ 叶朗．美学原理［M］．北京：北京大学出版社，2008.

❷ 范玉吉．审美趣味的变迁［M］．北京：北京大学出版社，2006.

❸ 朱光潜．悲剧心理学［M］．北京：人民文学出版社，1983.

❹ 刘勰．文心雕龙［M］．扬州：广陵出版社，2010.

和社会中所处的困境，开始安置自己的位置，思考生存策略，得到对自我身份的观照和认同。“个体体现的审美趣味必然显示出这个个体所属于的群体、社会集团、阶层以及时代和民族的某些共同特点、色彩。”❶《白日焰火》通过系统化的文化表达，讲述独特的“中国故事”，这个冰天雪地里的小城，满是后工业时代东北重工业基地没落后遗留的伤痕，对此，在这样的环境里生活的人们能有更精确的感知。碎尸案的侦破以一种游戏通关的“仪式性行为”进行，顺应大众文化语境下游戏和闯关的娱乐心理，层层迷雾笼罩下的真相更加扑朔迷离，呈现独特的“东方镜像”。

影片结尾，张自力点燃白日焰火向吴志贞告别，庆祝自己沉沦已久的心重新释放。光明的结局，打破心中的压抑，使人们的情感得以舒缓，产生审美的愉悦，保持乐观的态度面对悲惨的现实。李渔的《闲情偶寄》写道：“水穷山尽之处，偏宜突起波澜，或先惊而后喜，或始疑而终信，或喜极信极而反致惊疑，务使一折之中，七情具备，始为到底不懈之笔，愈远愈大之才，所谓有团圆之趣者也。”❷ 李渔强调“团圆之趣”，并非指无论悲剧怎样发展最后都要有团圆的结局，而是在结尾重新迎来情绪的高潮，由大悲转入大喜。《白日焰火》的结尾将悲情升华，一改传统黑色电影定调阴郁的结尾，给生活注入一丝希望和光明。这样处理更符合中国式审美趣味对黑色电影的期盼：表现黑暗残酷的生活，透过悲观绝望的表层呼唤对人性光辉的回归，在批判中引发人们思考该如何改变现实，“志隐而味深”。

### 三、民族的就是世界的：典型形象的中国化

《白日焰火》符合传统黑色电影的叙事文本：英勇的侦探在探寻真相的过程中遇到蛇蝎美人，发生暧昧不明的关系，模糊了道德的边界，影像风格阴郁沉重。但张自力这一人物完全颠覆了传统黑色电影中特立独行、身手不凡的侦探形象，对其形象进行了中国化的改造。中国传统美学中有“丑的意象的丰满”之

❶ 叶朗. 美学原理［M］. 北京：北京大学出版社，2008.
❷ 李渔. 闲情偶寄［M］. 杭州：浙江古籍出版社，1985.

说，不和谐的艺术形式可以更好地表现心灵冲突和人性的复杂，解剖人性的丑恶，揭露社会的腐朽和黑暗。

黑色电影中的男主人公多是这种带有悲观色彩的角色，他们既是“致命女人”的牺牲品，也是“黑色”世界的牺牲品。尽管他一再拒斥，但终究无法抵抗“致命女人”的再度诱惑，即便在一次次被骗后，仍无可救药地深陷其中，最终走向毁灭。[1]“致命女人”是男主人公堕落的诱因，可是《白日焰火》中的张自力没有深陷“致命女人”的诱惑，他履行警察的使命，秉公执法，毫不留情地将吴志贞送入监狱。这反映了民族文化追求善的心理。悲剧再现人生的苦难，激发内心真善美的情感。深厚的民族文化传统和集体无意识使得我们相信“因果报应”“恶有恶报”，从主观角度不自觉地将故事的结局设定为正义战胜邪恶。

《白日焰火》中的“致命女人”吴志贞本是一个传统本分的东方女人，契合道家“静”“朴”的审美眼光。开篇吴志贞的丈夫惨死冰刀之下，她是令人同情的受害者，是孤苦无依的寡妇。故事发展下去，“活死人”丈夫的占有和控制、洗衣店老板的侵犯、张自力的威逼利诱。为生活所迫，这个眼神凄迷、面容清秀、身形柔弱的女人选择独自隐忍。遭到张自力的背叛后，她内心将无法言说的落寞，化作眼眸深处的泪，似无却有的动人表情，缓慢却别有深意的动作，传达出内心的激荡、爱恨、纠葛等种种情绪。“静”的艺术手法使得影片在处理矛盾冲突与心理活动时，获得“意在言外”的效果。吴志贞坐上警车，看着为她绽放的白日焰火，露出神秘的微笑，爱与恨已放下，不再有欺骗，不再有背叛。此处的微笑成为一处绝妙的留白，留下无尽的解读空间。一丝隐约的笑意，若即若离的眼神，将一种得而复失、失而复得的错觉呈现给观众，营造可供充分想象的空间。就像中国画中的留白，诗中的言有尽而意无穷，空白成为凝聚美感的空间。庄子认为“素朴”是天下美中至高的美。“素朴”就是自然，就是天籁，就是真。[2]片中吴志贞的妆容自然服饰朴实，多是朴素的灰调，符合生活原本的状

[1] 张晓君．黑色电影典型形象论［D］．南京：南京师范大学，2005.

[2] 徐林祥．中国美学初步［M］．广州：广东人民出版社，2001.

态，塑造出淡雅素朴的人物形象。梁志军被击毙后，她涂抹红唇，身着红衣，终于能过上正常人的生活了。可是真相被揭开，习惯沉默的羔羊才是真正的凶手，这样反转的结局令人唏嘘不已。

民族的就是世界的。《白日焰火》将中国传统的民族风格与西方经典艺术范式相结合，以独特的东方意蕴对黑色电影经典形象进行中国化的改造，形成独具中国特色的审美趣味。

根植于中国文化传统，《白日焰火》中中国式的审美趣味焕发出个体的创造力，在借鉴西方黑色电影传统的同时兼具民族文化的审美品位，自成一体，在继承与超越中，彰显中华民族电影艺术的审美价值。善于寻找开掘东西方都能理解的，既有共性，又有"距离感"的文化资源，找到民族化与国际化两者之间的"契合点"是实现中国电影全球传播的重要文化策略。[1] 用最现代的艺术语言体现最传统的中国文化，用"最现代的艺术语言"，对中国电影进行跨文化传播，遵从民族文化发展的规律，既有全球视野，又保持自身的文化自信。焰火在白日里"嗖嗖"作响，给予我们新的启示：沿袭民族心理的特征，保持传统文化的风格，对外来艺术思潮进行中国式改造，中国式审美趣味方能显示出持久且富有创造力的审美个性。

## 第三节　她比烟花寂寞——《白日焰火》的审美韵味

烟花，一种人工制作的花朵，是黑暗中的"植物"，只有在黑夜里盛开，才能绽放出它那一树绚烂的银花。然而，日光之下，烟花也有它的美，只不过美得隐晦，美得生涩，美得旁若无人。《白日焰火》这部名字听起来让人颇感困惑的电影，也正像一场绚烂的晚间焰火表演，它的光焰所及，引得观赏者无不驻足仰望，为之倾心。但是，这部影片的真正内容，却又像它的名字所传达的那样，是一场场令人眩惑地绽放在日光之下的焰火表演。这样的表演在整部影片里交错丛

[1] 于帆．交融中的独立与传承［D］．长春：东北师范大学，2006.

生，至少呈现出三场。

## 一、焰火初绽：白日之下，黑煤之上

第一场“焰火”的表演绽放在白日之下，黑煤之上。耐人寻味的是，影片当时的场景，无论是天上的太阳，还是货车里的煤炭，都是火的象征。白色的太阳是燃烧着的黑煤，黑色的煤块是熄灭了的太阳。它们或隐或现地熊熊燃烧，虽然有的火光并不可见，但可以感觉到这个场景到处是一片灼人面目的火海。关于火的象征意义，古希腊哲学家德谟克利特说过，世界就是一团活火，在一定分寸上燃烧，一定分寸上熄灭。这个关于宇宙论的哲思放在人的生存命题上同样适合。人也只能在一定分寸上存在，并在一定分寸上死去，而驱动这一切的就是那涌动不息的生命之火。这团火在弗洛伊德那里得到了更清晰的解释：欲望、荷尔蒙、暴力。血与火的交织，正是这部风格阴郁的影片的底色。

就在这片通明透亮乃至不可见的火海中，一支烟花灿然绽放。但这支烟花，既不知为谁燃放，也不知由谁燃放。只知道葬身于这个火海的，是一个当场查明叫梁志军的人。梁志军被残忍肢解，尸块竟然在多个地方被同时发现。这即刻展现出一道“绚烂”的谜题：世界上有谁能够做到几乎在同一个时间将不同的尸块（烟花的余烬）撒落在广阔的不同地方？这就是白日焰火意象的魅力。它的意象虽不像夜间的烟花那么声势烜赫，灿烂夺目，但意象的美并未减少，只是被隐藏在日光之下，变得不可不见而又不可全见，就像挺立在风中的一支光秃秃的老树干，默默无语，只任身上嶙峋交错的瘢痕证明它曾经有过的美丽。焰火在光天化日里已然绽放，这分明就是一个正大光明的阴谋。

然而，美丽的“焰火”表演从不会单独燃放，短短几年之内，像梁志军那样化为灰烬的男人，先后已有三个。白日和黑煤之间，烟花次第绽开。

于是，警察开始探寻三个死者之间的连接点。结论只有一个：都跟一名叫吴志贞的女子有关。

在一次盯梢行动中，落寞的退役警察张自力再次出场了。这个体形略显臃肿的中年男人有着火一样旺盛的生命力。为了突出这一点，影片在处理上不惜用赤裸和直白的镜头，而且至少有三次提示。第一次在影片刚开始，张自力跟妻子奇怪的离婚现场。这场婚姻的告别式既不让人觉得伤感，也没有任何眼泪和告慰，只有“说好的最后一次”。甚至在光天化日之下的火车站，张自力对前妻都怀有强烈的占有冲动。第二次是在他进入公司当保安后的一次员工介绍会上。当有人开半玩笑地撮合他与另外一个单身女子时，张自力竟然张开双臂直接上前拥抱那个女子。第三次更为直白而彻底：张自力假扮客人，将一条黑色皮裤交给作为盯梢对象的干洗工吴志贞，而里面居然堂而皇之地塞了一只避孕套。

但也许就是如此直白和明目张胆，才让张自力逃脱了吴志贞那双敏感犀利的眼睛。因为无论怎样，张自力都是以示爱者的身份走近吴志贞的。这一点使张自力的跟踪行为并没有引起对方的太大怀疑和反感，也为他一次次出卖吴志贞找到了最好的托词。但是，吴志贞并不知道，这一切的基础，其实并不真实、可靠。

正是在这不真实、可靠的基础之上，张自力找到了他点燃“白日焰火”的最好平台。这支“焰火”假借爱情的绚丽外衣，在惨白的日光下悄悄绽放。整部影片第二场“白日焰火”的精彩表演就此开始。

### 二、再度盛放：因谁而燃，为谁绽放

但正如上文所述，所有不可见的“焰火”都是阴谋，这一支也不例外，不论它由谁点燃，为谁绽放。于是，接下来是一个落寞的前警察和一个美丽的单身女嫌犯的爱情故事。张自力为了获得吴志贞的芳心，多次假扮顾客去干洗衣物。张自力知道这是绝好的示爱机会。他也努力抓住一切可以利用的机会：看到吴志贞为摆脱荣荣的骚扰弄伤了手，他马上去买药；看到小混混来店里找麻烦，他虚张声势地教训了对方一顿。对于眼前这个客人的所作所为，吴志贞当然心知肚明。于是，吴志贞对他一再降低心理的防线，直到答应陪他去溜野冰。

故事到这里，随着爱情的进展，案情也终于取得了实质性进展。根据警方得到的资料，以前所有的死者都跟一种叫冰刀的凶器有关——他们都被这种凶器残忍碎尸。冰刀在电影中出现从来都不止于溜冰，它的各种奇怪的功能早就被过度发挥了。《荒岛余生》中的男主角就曾经将这件仅有的利器运用得出神入化：狩

猎、捕鱼、拔牙、烤肉、雕木偶等。在荒无人烟的孤岛上，一把冰刀就可以支撑起一个人的全部人生。这是冰刀巧妙的生活运用。但冰刀一旦落入凶手之手，就开始了它令人胆战心惊的运用。

张自力好像不是一个很会溜冰的人。在接连摔了几个跟头之后，他踉踉跄跄地跟着吴志贞滑到了一个人迹罕至的阴暗角落。又一个跟头，他将吴志贞绊倒在地。没有人知道张自力这样的跟头是有意还是无意，甚至没有人知道他究竟是不是一个溜冰高手。但这就是“白日焰火”的隐秘所在。在日光的掩映之下，“焰火”的残忍、炽热和散落在空中的灰烬，一切都不可见，只有那绚烂的外衣灿然划破长空。面对张自力那件绚丽的爱情外衣，吴志贞开始有些眩晕。不知不觉中，她放弃了挣扎和反抗，接受了张自力的吻。

吻总是那么甜蜜和美好，但正所谓“我之蜜糖，彼之毒药”，更大的悲剧便从此开始：这一吻逼迫着吴志贞背后的阴暗力量变得无法忍耐。警方一直在追查的，正是这股极其隐秘的阴暗力量。就这样，溜冰场发生的一切，开始引起警方的高度关注。终于，在一次盯梢行动中，张自力的好朋友刘队撞上了一个脖子上挂着一双溜冰鞋的嫌疑人。然而，毫无防备的刘队无法预知，他曾经目睹的那一场绚烂的“白日焰火”表演，与眼前这个面目并不可憎的嫌疑人之间究竟有什么关系。就在此时，嫌疑人驾轻就熟地举起了那双冰刀。

身份暴露的凶手，这时才真正走进张自力的视野。在一个火车站，正在跟踪中的张自力终于看到嫌疑人如何从货车上卸下同事的尸块，并从隧道顶端向通往各地的火车上抛撒——这就是很多年前让包括张自力在内的警察迷惑不解的“天女散花”!

张自力看到这一幕时一定心惊肉跳，头皮发麻。他也许已经明白了“白日焰火”的“魅力”——它有多灿烂，就有多残忍。

但张自力还不知道这个燃放“焰火”的人究竟是谁，也不知道他是为了什么而表演。在经历了一次次追踪和反追踪，无奈的张自力终于从吴志贞那里得到了他想要的答案。

原来多年前的那个死者并不叫梁志军，他是一个曾经借故胁迫过吴志贞并跟她多次发生关系的酒吧老板。当时，吴志贞丈夫的梁志军跟她一起杀死了这个老板，然后假借梁志军的身份抛尸，从此，名义上死去的人就是梁志军。

人的死，就是名字的死，名字死了，人还活着，这样的人只能是活死人。利用这个活死人的身份，梁志军一次又一次将吴志贞的追求者残忍地杀害。

这是一场多么绚丽的“焰火”表演！

这场“焰火”绽放在青天白日之下，不到最后却不会被任何人看见。这场“焰火”唯一真正的观众，就是表演者心中深爱着的女人吴志贞。为了这个女人，表演者不惜变成活死人甚至死神，将一个个情敌碎尸万段。没有名字的爱情的呵护，终于变成了一个生死攸关的黑色守护。

但心智发达堪称完美的梁志军还是太天真了。他以为通过诈死这种貌似一箭双雕的做法，既能保护吴志贞，也能躲过牢狱之灾，但他没有想到，从此以后，他不得不将深爱的女人推进无边的寂寞的牢笼。像吴志贞这样相貌出色的女子，如果被终身囚禁在一个寂寞的牢笼中，那才是真正的生不如死。

吴志贞的心声，也许松子最能明白。松子是电影《被嫌弃的松子的一生》的女主角。她出生在一个本来还算幸福的家庭，只是由于嫉妒父亲对卧病在床的姐姐的偏爱，年纪轻轻便愤而离家出走。从此，身边没有一个朋友的松子陷入了无边的孤独中。为了排解孤独，她甚至跟一个整天打她、骂她甚至拼命跟她要钱的落魄作家生活在一起，直到那个作家卧轨自杀。但松子终其一生，都觉得自己最爱的和最爱自己的人是只有他一个。对于松子来说，那是心灵的亲近，与之相比，肉体的折磨不算什么。松子非常厌恶没有心灵相容的肉体亲近。有一次她失手杀死了逼迫自己的男人，陷入牢狱，毁尽一生。松子因为无法摆脱心灵的孤独，才一再作出盲目的选择，将自己一步步推向深渊。这就不难理解为什么松子死前在出租屋的墙壁上刻下那句著名的话：“生而为人，我很遗憾。”

吴志贞何尝不是如此？她那跟松子一样无法排遣销魂蚀骨的孤独，一次次让她违背了自己背后的死神的意愿，导致有人不断因她而死。对于这样灰色的日子，吴志贞也许早就厌倦透顶了。整部影片中，吴志贞自始至终都没有一丝笑容。究竟忍受过多少内心的苦痛，人才可以抑制住笑这种本能？何况，唯一能够接触的男人梁志军还是个性无能者？

因此，从梁志军诈死那一刻起，吴志贞的心就已经开始在寂寞的牢笼里慢慢死去。囚禁在这样的牢笼里，被迫观看一场场愈加险恶的“焰火”表演，她应该比烟花还寂寞。

于是，吴志贞终于向张自力吐露了心声。她出卖了梁志军。

梁志军，吴志贞，“志”虽同，“道”却不合。

玩火者终于自焚。梁志军在一个精心设计的圈套中被当场击毙。他的死意味着整部影片第一场“白日焰火”的精彩表演终于落下帷幕。

但由前警察张自力燃放的第二场“焰火”，却还在如火如荼地上演。

吴志贞事后才知道张自力是警察。但她原谅了他。只要寂寞如初，自己尚且需要心灵托付，她就没有选择。

但是张自力始终是一个表演者，他用一场美丽的“焰火”迷住了吴志贞的双眼，自己却无比清醒。他开始调查已经死去的皮氅的主人。值得一提的是，张自力第一次拿给吴志贞干洗的衣物是一条皮裤。皮氅和皮裤，两个质地相同而功能截然相反的东西，似乎充满了隐喻。如果它们巧妙地喻示着身体的上下两个部分，那么吴志贞的命运早已被埋下伏笔——她不会输于心计，而只会输给爱欲。这再次证明，梁志军那一场出自心智的精巧设计，之所以会留下破绽，不是不够完美，而是因为吴志贞内心深处那无法排遣、四处冲撞的孤独。智慧输给了人性的弱点，人被自己出卖，也许这才是这部影片最深层次的主题。

张自力很快查明了这个皮氅主人的身份。于是，经过巧妙的安排，张自力在某个夜晚把吴志贞带到了一个停转的摩天轮上。“看焰火。”张自力如是说。然而，举目四望，吴志贞发现这里并没有她期待中的焰火。张自力伸手指给她看。吴志贞放眼望去，即刻陷入了沉默。她看到的是一个名叫“白日焰火”的酒吧！

吴志贞现在才明白，在她面前的这个男人眼里，全部的真相已经昭然若揭。无须掩饰什么，她不仅将自己主谋杀死皮氅主人的犯罪事实全部供认，而且第一次将自己的身体交给了这个男人。这是一次绝对赤诚的交付，因为只有这样的赤诚才能真正驱散心底积压多年的孤独。

### 三、最终绚烂：无声坠落，归于寂寥

焰火一旦在夜晚绽放，它的全部奥秘都将被次第洞开，一览无余。寂寞堪比烟花的女子也是一样。今晚将是她最后的绽开。这个被从未有过的美好所迷惑的女人，误以为眼前所见就是她人生的定格。那个夜晚，她一定沉醉在恋人语言和身体双重交织的美丽幻影里，一生都不愿醒来。然而，她并不知道，眼前霓虹闪烁的“白日焰火”并不是这场表演的全部。在她惊魂不定地观看时，还有一场更为可怕的焰火表演正在无形无声地悄然绽开。

张自力玩了一个极致漂亮而残忍的反讽游戏，而这个反讽之所以能够成立，就是他那得心应手的爱情把戏。从皮氅主人和吴志贞的其他两个追求者到梁志军再到吴志贞，一直到张自力，呈现出了一个等级森严的压迫序列：张自力用爱情压迫吴志贞，吴志贞压迫梁志军，梁志军进一步压迫吴志贞的追求者。处在这个序列最底端的人属于最弱势者，所以最先死去，然后梁志军被击毙，吴志贞被揭穿，最后张自力“赢者通吃”。

用爱情来设计一场阴谋，也许是世间最险恶的用心。但也正因其险恶，才能在日光下绽放，成为一场绚烂的“焰火”表演。

就这样，吴志贞这支寂寞而绚烂的烟花，因为无可自拔地沉溺于爱情的花哨表演，最终只落得“开到荼蘼花事了”。

影片最后一幕，张自力站在楼顶，目送已经指认完现场，从一栋破旧的居民楼里被押送出来的吴志贞。他看到吴志贞面容平静祥和，像是刚从一场长长的梦中醒来。身后的警察正将她押进警车。就在这时，整部影片最后的一场“白日焰火”由张自力亲手点燃。这才是一场真正意义上可见可闻的“白日焰火”。但这样的“焰火”并不美丽妖娆。纷乱的烟花或是怪叫着直插蓝天，然后无声坠落，或是嗖嗖乱撞，直奔警车和人群而来。

一旦美不再有界限，就会变成人人避之不及的恐吓物。那满地坠落的“白日焰火”，终于显露出它的本来面目：难道赤焰漫天的战场上，不正是利用了它的一个变体在杀人吗？

这时的张自力站在楼顶，心情应该是十分复杂而狂乱的。这个“白日焰火”的最优秀的表演者究竟是为了爱情还是案情，好像不是那么一目了然。从他得到吴志贞供认后的第二天早晨，在荣荣干洗店门口久久徘徊不忍离去可以知道，他的举报也许是鼓足了巨大的勇气。他在名利和爱情之间作出的选择并没有那么容易。

白日里的焰火之所以如此绚烂夺目，惊心动魄，也许正是由于以电影中的黑色作为幕景。因此，在这个结局惨淡的故事里，没有谁能够真正逃脱。杀人者和被杀者的生命，吴志贞的天真，张自力的良知和爱情，最终都融入了那一片无边的黑色中。

# 第五章
# 移动传播与手机阅读

# 第五章
# 移动传播与手机阅读

## 第一节　认知图式理论在手机出版界面设计中的应用

### 一、智能手机时代的数字出版

《时代》周刊头牌书评人列夫·格罗斯曼认为“出版业没死，而是在进化”。随着新型媒介的不断涌现，出版模式也不断革新，传统的出版产业运行模式将逐渐萎缩，取而代之的是以互联网为代表的新兴传播方式——数字出版。数字化是出版业未来发展的必然趋势，电子书、在线阅读、移动阅读也是大趋势。在网络出版之后，手机出版也迅速引起了人们的关注，它的出现不仅丰富了出版的模式，也为人们的阅读和消费方式提供了更多的选择。手机作为数字出版的终端因普及率高，使用方便，在数字出版业内的份额逐年扩大，而 3G 时代的到来更是催生了手机出版的春天——手机出版业进入一个快速的增长期。

进入 3G 时代以来，电子阅读媒体表现形式多元化，不仅包括图片文字，而且包括视频音频、动画，信息在传播时呈现出多模态的特点，而受众的视觉满足感也逐渐实现，人们的阅读终端从纸质媒体、电脑转移到手机上。经过 4G 发展到如今的 5G 时代，手机阅读呈现出更多新的特点。

第一，可随时随地阅读，满足人们利用零散时间的需求。第二，快餐式、浏览式、随意性、跳跃性、碎片化的浅阅读特征突出。第三，存储量大、可以成为随身的数字图书馆。第四，营造互动环境，借助 AR/VR 技术，使人体验沉浸式阅读，重视用户体验。第五，受众面宽，农村受众占比逐渐增大，中老年受众的数量不断提升。第六，可视、可读、可听，方式多样。手机出版的优势是：集交互功能、多媒体功能、跨时空传播、信息检索功能及娱乐功能于一身，使出版物可提供个性化、立体化、即时性和广泛性服务。因此，手机出版在很大程度上拓宽了出版的范围和边界，使出版文化形态呈现出高度自由、开放的局面。

手机出版改变了传统的出版模式。首先，读者在出版传播过程中获得自主和独立的地位，实现任何人可以在任何地点、任何时间，以任何方式阅读文本、观看图像或多媒体内容，打破传统出版中时间和空间的束缚，形成一种完全开放的出版理念。其次，读者对出版信息的获取表现出极强的个性化特征，手机小说、手机报纸、手机期刊、手机原创文学、手机游戏、手机（无线）音乐等门类齐全、灵活多样的手机出版格局，使读者可以在较大的空间里按需索取。

从出版理论的角度来说，个性化手机出版产品是面对特定受众的小众化传播，信息的选择权、主导权在受众手中，因此手机出版物只有给手机用户提供个性化、本地化的内容，手机用户才会“主动”选择并订阅相关内容。服务商要根据用户的实际需求提供更多的服务，而不是自己来决定给用户提供什么样的服务。由于社会成长环境不同，使用无线上网已经成为年轻一代的习惯甚至是一种本能，他们更容易接受新事物，对移动阅读等功能运用更自如，这也必然会加快手机阅读模式的普及。年轻受众是手机出版最具发展潜力和消费潜力的群体，因此，研究年轻受众心理是手机出版研究的重中之重。

手机阅读旨在为用户提供自由、个性化的通信方式，具有高速、多媒体和个性化的特征，这就决定了智能手机的界面设计必然以用户为中心，坚持将界面置于用户控制之下以减少用户负担，秉承界面一致性的界面设计原则。[1] 智能手机

[1] 刘冬冬，何人可．3G 手机用户界面设计探讨［J］．包装工程，2007，28（5）：98-100.

的用户界面，是用户接受智能服务的直接载体。更好地改进手机出版的界面设计，对手机出版业务的推广、用户满意度的提升有着不可忽视的作用。如何才能使设计最大限度地以用户为中心呢？认知心理学的研究热点——认知图式可以为我们提供一些借鉴。通过引入“图式理论及技术”这个方法来研究用户态度与行为模式，激发用户手机阅读的兴趣，丰富人们的移动阅读生活。

## 二、认知图式理论及其作用

总体来看，认知图式是人脑中的知识单位或进行认知活动时的认知结构。图式涉及记忆内容和意识内容两个方面，两者是一个整体。[1] 美国著名认知心理学家斯滕伯格总结出心理图式具有以下四大特征：（1）图式可以包含其他一些图式；（2）图式含有典型的普遍的事实，一个具体实例和另一个之间在事实上可以有细微的不同；（3）图式在抽象程度上可以不同；（4）图式还可以包括有关系的信息。而心理加工论者明斯基则进一步提出图式所具有的一些特式，了解用户使用手机进行阅读时的心理需求与体验目标，从而完善手机出版界面的设计：（1）图式有许多变量或“狭槽”，必须使用具体的内容来填充；（2）存在图式网络，且图式是有层次的、可以嵌套的；（3）图式还是一个主动的认知过程。此外，认知图式是不断发展的，其中最为著名的观点便是皮亚杰提出的“同化—顺应”理论，皮亚杰认为，认知发展受到同化、顺应和平衡三个过程的共同作用而迈向更高级的形式。

根据图式的特征，我们可以把图式分为内容图式、形式图式和情绪情感图式。内容图式是关于某项事物的内容的认知结构；形式图式是关于不同事物之间的相互联系的图式；而情绪情感图式则是指与某件事物相联系的特定情绪或情感的体验。在认知图式的结构中，动力要素是需要意识，控制要素是价值观念，工具要素是思维方式，材料要素是知识结构，心态要素即主观心态（情绪、兴趣、习惯等）。[2]

---

[1] 李健. 图式的心理定位及概念界说［J］. 心理科学，2003，26（4）：766-767.

[2] 蒋永福，刘敬茹. 认知图式与信息接受［J］. 图书馆建设，1999（3）：2-3.

图式具有的作用，可以大体概括为信息获取和理解、记忆、推理判断和问题解决等。一方面，信息获取是人们有意无意地获取外界信息的过程，注意是信息获取的前提，人们注意到的只是外界很少的一部分信息，但人们获取信息时并不是随意的，而是有目的、有计划的。这种计划性，正是由人们在成长中形成和不断完善的图式所决定的。另一方面，人们既有的图式，会赋予信息不同的意义。同样的经历和教育背景等因素会赋予人们相同或相似的图式，其中最为明显的便是种族、性别、职业等的刻板印象对人的影响。这种图式理所当然地影响人们对信息理解的角度、深度、广度和范围，人们会依据图式来获取信息，从而形成对事物的完整理解。相关研究表明，已有知识（图式）对新信息的解释具有潜移默化的影响，而一些例子的重复类比也可以获得图式或其他抽象的东西。此外，图式还有助于对情绪情感的理解。

## 三、认知图式设计技术在智能手机出版界面设计中的应用

### （一）认知图式设计技术

认知图式设计技术，是指基于用户的认知图式的特点和规律，发挥认知图式的作用而开展的工业设计技术。随着社会的发展、科技的进步，消费品逐渐向高品质、精细化、个性化和娱乐化方向发展。实现个性化和娱乐化其最终取决于消费者及其认知活动，而消费者的认知图式在其中扮演着重要角色。这项技术的基本出发点是在了解消费者认知图式的前提下，依据设计的产品定位，进行设计创造，并通过适当的渠道对新设计的产品进行宣传，从而帮助消费者形成对产品的新的准确认知图式，最终实现工业设计的效益。其基本步骤如下。（1）明确产品定位，确定目标受众。这是设计的前提。（2）掌握目标受众的相关认知图式。只有掌握目标受众的认知图式，才能进行有针对性的设计。现在的设计较多地从设计者的认识出发来推测消费者，这样做的危险是，设计者的图式如果与消费者的图式相去甚远，产品就可能得不到消费者的认同。我们可以采用调查、收集客户反馈意见、了解销量信息等方式来获取目标群体的认知图式。（3）在尊重消费者已有图式的基础上进行设计创造。

### （二）界面设计

界面设计是对两种不同物体间交流手段、交流过程的整体设计，是系统地优化人机互动关系的过程，并以尽量简化人的操作、提高人机交流的效率为目的，亦称用户界面设计（User Interface Design）。手机出版中的界面设计既要追求美观、形象、生动的效果，又要遵循一定的规则，一般要有较大的观察和注意的范围，内容既要集中，又要排列有规律，成为一体。手机出版中的界面设计，与其他艺术形式的设计一样，都是设计者针对设计内容所进行的艺术构思，这种艺术构思务必到位、准确，不能影响信息内容传达的有效性，更不能产生误导作用。界面设计应包括文字排列方向、字群聚散组合、字体大小风格的选择、图片的分布及色彩与空白的经营。好的界面不仅应追求形式的变化，更应重视不同视觉元素的运用给人造成的不同心理感受，并体现不同的主题。

作为新兴传播方式，手机出版可以提供个性化、立体化、即时性和广泛性服务。针对不同的受众群体，手机出版商需要把握目标受众的认知心理，了解他们的认知图式。手机出版的界面设计应符合记忆策略，重点突出，提高感知效果，使用户易于阅读理解并能够产生全新的阅读体验。界面设计应把人放在第一位，使界面符合消费者的心理特征，同时也尽量满足使用者心理情感需求。

### （三）认知图式理论在手机出版界面中的应用

认知图式理论主要从认知心理学的角度，尤其从记忆的角度揭示人的认知结构在信息选择和接受等方面的重要作用，可以为手机出版界面的设计工作提供有益的指导。在具体应用中，应当坚持以下原则。

（1）坚持以用户为中心的原则。以用户为中心的原则，已经成为业界的共识。坚持以用户为中心，就意味着我们进行界面设计前，在进行用户需求分析时，应认真考察用户的期望和需求，以用户为中心，认真细分消费者市场，坚持一种设计针对一种特定群体的思想。在了解用户需求的情况下，区分出各种消费者的不同特点和需求，发掘出不同消费者的共同偏好，获取公众对手机出版界面设计的认知图式，这样就可以设计出公用界面模板，针对特殊人群建立推荐模板等。

在当前的手机界面设计中，各种思潮的核心思想仍然是从设计者和生产者的角度思考，而从美学和符号学等学科去进行设计研究，在如何让界面适应人，使手机界面符合消费者的心理特性上做得还不够。界面设计艺术就是依照美的规律创造艺术化和审美化的网络文化的活动，如何建立业内的共同标准，减轻用户的认知负担，使手机阅读与传统阅读的认知习惯保持一定的一致性和连续性，是手机出版界面设计的重点内容。

（2）坚持前瞻性设计。手机出版界面设计不仅是为了满足现有的消费者需求，而且应该是满足他们将来的消费需求，所以在工作中要坚持做前瞻性设计，这就要求我们在了解消费者现有需求的基础上，对其未来需求的变化发展、手机出版界面设计的基本趋势等有一个准确的把握。设计者通过客户反馈、市场调查、获取行业内部信息等手段，及时了解消费者的阅读使用需求、手机界面认知图式等，只有及时对消费者认知图式进行准确的把握，才能在设计上满足消费者不断提升的需求。

（3）品牌形象与消费者教育。产业运营中手机出版商在市场上不断强化自己的品牌形象，在界面设计中也需延续这一品牌文化和精神，使品牌形象得以提升。这既是对品牌消费者的珍惜，又有利于消费者既有认知图式的强化和改善，并且创建和维持了一个良好的品牌形象，以便于贴近于消费者的接受心理。

消费者的手机图式，会因为其他同类产品或相似产品而逐渐建构起来。重新设计后的手机出版界面，还需进行消费者教育。首先要找到着力点，即了解新产品与旧产品的差异所在，表达差异是消费者教育的必要内容。把新设计出的界面与消费者旧有图式进行对比，寻找差异点，着重对这些差异点进行消费者教育，从而帮助其形成新的手机图式。

从3G时代开始，手机进入个性化的时代。随着移动通信技术的发展，人们对手机也有了更高的期望和要求。手机是艺术与科技的结合体，而手机界面是用户体验智能手机的基本渠道，良好的用户界面更应该体现出良好的可用性和较高的艺术性。手机出版界面的设计无论从版面布局、色彩搭配、文字形象、图形图像、动画效果等方面，都应首先从读者的认知心理出发，充分发挥用户既有手机图式在智能手机出版界面设计中的积极作用，同时还应该增强其简洁性、互动性、关联性及其独特性，使设计更加艺术化、人性化。

## 第二节　具身认知理论视域下 AR/VR 图书阅读方式的变革

当下，“信息噪声”充斥着人们的日常生活，“碎片化”阅读解构了人们的阅读行为。VR/AR 图书带来了阅读方式的变革，令读者全身心沉浸在阅读过程中，人机高效互动产生的愉悦感和满足感可以激发读者的想象，让他们达到最佳的“具身认知”状态。

### 一、具身认知理论在阅读中的应用：AR/VR 图书

“具身认知”（Embodied Cognitive）最早由美国语言学家莱考夫（G. Lakoff）和约翰森（M. Johnson）在其著作《肉身哲学：亲身心智及其对西方思想的挑战》（*Philosophy in the Flesh*：*The embodied mind and its challenge to the western thoughts*，1999）中提出。“具身认知科学最重要的特征就是心智的具身性，指的是心智、理性能力有赖于身体的生理、神经结构及活动形式，根植于人的身体以及身体与世界的相互作用中。”❶ 这一理论随后迅速颠覆了传统认知理论对学习行为研究的结论。同时，重新界定了在学习、教育领域人们对身体、认知和世界关系的理解，为研究人类认知行为提供了崭新的视角。

具身认知指出了传统认知理论对人类身体接收信息的忽视。传统认知理论认为，人类的学习行为仅仅在大脑中进行。“而具身认知的观点认为学习是全身心参与的过程，如人在忘情吟诗时就会不由自主地随诗歌韵律而摇头晃脑。因此认知过程或者人类的心智，并不是完全由大脑这个中枢处理系统的水平决定的，在一定程度上取决于承载大脑的主体本身的身体结构，例如骨骼构造、肌肉状态等

❶ 李其维.“认知革命”与“第二代认知科学”刍议［J］. 心理学报，2008，40（12）：1306-1327.

纯粹的物理属性以及身体与环境相互作用过程中的自我体验与感受。”❶ 基于具身认知理论的核心观点“认知等高级心理过程是被身体及其活动方式塑造出来的”,❷ 本书认为，具身认知奠定了 VR/AR 图书在实际应用效果中的理论基石。结合 Grigore 和 Philippc（2003）提出的 VR 技术核心特征“3I”,❸ 即沉浸（Immersion)、互动（Interaction)、想象（Imagination)，本书提出 VR/AR 图书给人们带来阅读方式的三大变革，即沉浸式阅读体验、互动式阅读场景和想象式阅读思维。

## 二、 AR/VR 技术赋能下的沉浸式阅读

随着互联网逐渐主宰人们的生活，数字化阅读成为主流的阅读方式。人们习惯在片刻之间不断刷新，获取实时更新的信息，不知不觉中养成了碎片化阅读的习惯。顾名思义，“碎片化阅读”指阅读的内容和过程被分割成破碎的主题和短暂的片段。虽然通过碎片化阅读可以及时、便利地获取信息，但长此以往，这些一扫而过的信息在大脑中的记忆效果将大打折扣。海量的支离破碎的信息实际上构成了一种“信息噪声”，干扰着人们对真正有价值的信息的判断。“碎片化阅读日益并成为当代一些社会问题的深层诱因，是数字技术、社交软件和人性特点三个因素共同作用的结果。”❹ 碎片化阅读成为低受益值的浏览而不是信息的获取，更无法达到有效的意义接收、生成和反馈。

相较于数字时代的“碎片化阅读”，当我们手捧一本纸质图书时，可以在阅读过程中进行充分的思维发散，进入深入阅读的状态。Sellen 和 Harper（2003）认为：“传统的纸质书籍不可能被电子书籍取代，因为它们具有实体性，使人们能够实质地拥有和触摸它们。”❺ 那么当 VR/AR 技术植入图书出版，会给读者带来怎样的阅读体

❶ 殷明，刘电芝．身心融合学习：具身认知及其教育意蕴［J］．课程·教材·教法，2015，35（7）：57-65.

❷ 叶浩生．有关具身认知思潮的理论心理学思考［J］．心理学报，2011（5）：590.

❸ GRIGORE BURDEA，PHILIPPC COIFFET. Virtual Reality Technology［M］. New Jersey：J. Wiley&Sons，2003：4-6.

❹ 张世海．对数字化时代阅读“碎片化”与“图像化”的思考［J］．出版发行研究，2016（6）：62.

❺ SELLEN A，HARPER R. The myth of the paperless of-fice［M］. Cambridge：MIT Press，2003.

验呢？“虚拟环境是新媒体为用户提供内容和服务的基础，而基于VR/AR的临场化环境的构建，将给用户带来全新的体验。”[1]

传播学者麦克卢汉在《理解媒介》一书中指出“屏幕越大，属性越高贵”。目前，相比于手机、平板电脑和电视等数字媒介，利用VR/AR技术可以呈现更大的展示屏幕。AR将现实世界和虚拟物体整合，模糊了真实和虚构的边界；VR营造了一个完整的虚拟世界，把目之所及的一切变为屏幕。因此，VR/AR成为更高贵、信息量更大的媒介样式。VR/AR的融媒体特性把图书由过去单一的图文纸质载体变成数字多媒体载体，而最为显著的沉浸特性让读者在一个可视、可感的空间内获取书本上的知识。

具身认知理论的“认知的环境嵌入性”认为环境/情境是影响信息获取过程和效果的重要因素。环境/情境的真实程度决定了是否能引发人们的具身效应。VR/AR图书带来的沉浸式阅读体验是人的思维在综合而真实的体验中所拥有的主观感受。VR/AR技术将传统纸媒塑造成一个更丰富的多模态（Multimodality）时空系统，从视觉、听觉、触觉等多感官通道为读者带来心理上的沉浸感。同时，设计出耐人寻味的情节、角色和情境、节奏，让读者融入书本所讲述的故事中。VR/AR图书通过全景成像，形成立体沉浸式的视觉影像，令读者置身真实的幻象之中。2016年，北京少年儿童出版社出版的我国首部VR/AR科普图书《大开眼界：恐龙世界大冒险》丛书发布，戴上VR眼镜阅读这套丛书的纸质绘本便可进入数百只恐龙和它们生存的环境。相比于短、平、快的碎片化阅读，在计算机技术营造的虚拟场景之中，人们收获了沉浸式的阅读体验。

### 三、 AR/VR技术赋能下的互动式阅读

从机械复制时代到电子信息时代，在工业文明的转型过程中，媒介样式的变革呈现出无限的可能。从舞台戏剧到无线广播，从电影荧幕到平板电脑，难以逾越的“第四堵墙”始终将受众与媒介内容分隔。“第四堵墙”来源于戏剧术语。

[1] 彭兰. 智媒化：未来媒体浪潮：新媒体发展趋势报告（2016）［J］. 国际新闻界，2016（11）：18.

舞台戏剧内景一般布置三面墙，沿舞台边缘的一面被视为“第四堵墙”。它是对舞台“三向度”空间实体进行联想产生的，是一面无形的“墙”。

而借助 VR/AR 技术，媒介用户获得了新的存在方式，可以穿过“第四堵墙”，置身其中，与媒体内容进行有效“互动”。在阅读 VR/AR 图书的过程中，用户不仅是书本的阅读者，也会成为书本内容的参与者、创造者甚至书写者。VR 的互动性帮助读者在全息式、立体化的阅读场景中进行观看，在以假乱真的虚拟空间中体验阅读，同时，读者与书本进行有效的人机交互。

“具身认知理论认为‘体验’是获取知识不可缺少的途径，个体知识体系的构建依赖于自身的感知、体验及由此产生的对外界事物的解释。”从具身认知理论的视角思考传统图书的阅读效果，如果仅仅采用单向输入信息的传播方式，读者难以真正理解和掌握抽象的知识。而 VR/AR 图书可以将书本上的抽象的概念可视化，让学生在学习过程中与之展开互动，这对达到良好的学习效果尤为重要。学生因难以理解书本中用文字表述的抽象概念，导致学习兴趣下降，特别是一些非可视化的科学理论概念，如空气压力和光合作用。Phang 等（2012）[1] 发现，马来西亚学习科学学科的学生人数从未达到 60%，并且呈令人担忧的下降趋势。在英国，学习数学、物理和化学科目的学生人数也有所减少，在整个欧洲，年轻人并不选择不必修科目之列的科学、工程和技术课程。[2] VR/AR 技术有望扭转这一趋势，目前，一些国外学者的实证研究表明，将 VR/AR 技术应用于教育能够鼓励学生展开批判性和创造性的思考，提高他们对抽象化概念的理解。学生们对虚拟环境和真实环境相结合的学习模式给以积极的反馈。VR/AR 技术支持真实和虚拟环境之间的无缝交互。在虚拟世界中，动画、视频、音乐等多媒体形式的信息将书本中描绘的抽象化概念变得可见、可听、可感，给读者带来全新的互动阅读体验。读者只需要在移动终端上点开 App，扫描书本或二维码，原本抽象的概念和静态的文字、图片便会以动画、音乐等多种形式被“唤醒”。例如，

---

[1] PHANG F A，ABU M S，ALI M B，ed al. Faktor Penyumbang Kepada Kemerosotan Penyertaan Pelajar Dalam Aliran Sains：Satu Analisis Sorotan Tesis［M］. Malaysian Ed-ucation Deans' Council（MEDC）2012.

[2] BEVINS S. A study of UK secondary school students' perceptions of science and engineering［C］. In European Educational Research Association Annual Conference，Dublin，2005.

2014 年美国出版的《香蕉火箭科学图画书》系列，与传统的科普书籍不同，该书运用了 AR 技术，内容涉及人体、动物、植物、海洋、地理、天文、建筑和交通等主题。通过使用 AR 技术，读者只需下载配套的 App 或者扫描图片，便可以体验三维立体的视听效果，甚至可以配合自身的需求，放大或缩小显示页面。ND[1] 开发了一个增强现实涂色画本《色彩书》（*Coloring Book*），学习者对书中的图形进行涂色后，用手持设备可以看到该图形的三维动画模型。例如，将纸上的卡通章鱼涂色后，用手持式显示器观看，三维立体的卡通章鱼便活灵活现地出现在屏幕上。

我国台湾地区阳明交通大学出版社出版的 AR 画册《Yuyu Yang 的艺术冒险之旅》，将艺术欣赏与数字阅读相结合，通过讲故事的手法介绍著名艺术家 Yuyu Yang 的艺术作品。讲述了 Yuyu Yang 的孙子在 Yuyu Yang 的雕塑作品《家猫》的黑猫的引领下了解祖父的绘画、雕塑作品的故事。孩子们使用移动设备（即智能手机、平板电脑、电子阅读器）扫描书籍，使书本上的黑猫雕塑变成虚拟动画显示在移动屏幕上，并从桌子上跳起来向男孩问好，同时还配有音频和字幕解说艺术家的创作灵感。转动移动设备或图画书还能观察不同透视效果下的 3D 图像。"'吾牠关系'（I-It Relationship）强调'传者中心'的内容生产和输出，受众被外化于传播过程之外。'吾汝关系'（I-Thou Relationship）强调对话，受众不是传播过程中的单纯的'旁观者'，而是积极主动的'参与者'。"[2] 纸质图书借助 VR/AR 技术，以移动终端为载体，在读者与读本之间构建"吾汝关系"，使传播受众与传播主体有效对话、互动。

### 四、 AR/VR 技术赋能下的想象式阅读

未来，人类的大多数活动，包括审美活动，将在数字化世界进行。尼葛洛庞帝在《数字化生存》中提出了许多预言："20 年后，当你从视窗中向外眺望时，

---

[1] ZUND F, SUMNER R W, MAGNENAT S, et al. Augmented creativity: bridging the real and virtual worlds to enhance creative play [C]. The SIGGRAPH Asia 2015 Mobile Graphics and Interactive Applications, 2015.

[2] 史安斌. 从"客观新闻学"到"对话新闻学"：试论西方新闻理论演进的哲学与实践基础 [J]. 国际新闻界，2011 (12)：67-71.

你也许可以看到距离5000英里和6个时区以外的景象。你观看到的电视节目长达1小时，但把它传送到你家中所需要的时间也许不到1秒钟。阅读有关巴塔哥尼亚高原的材料时，你会体验到身临其境的感觉。你一边欣赏威廉·巴克利（Watogonia Buckley）的作品，一边可能和作者直接对话。”[1] 身临其境和互动体验只是VR/AR技术发展和应用过程中的一个阶段，VR/AR技术最终会实现对人的想象思维和审美感知能力的培养。这种审美活动是以人的思维认知和情感体验为核心的身心一体的综合运动。它是既定的又是能动的，既是浸入的又是超越的，是人的创造力的全面发挥。于是，在VR/AR的虚拟世界里，主观情趣超越客观法则，感性动力超越理性教条，人超越自身个体的有限性。

VR/AR图书带给读者沉浸式阅读体验和互动的阅读场景，进而改变人们的阅读思维。当读者全身心融入VR/AR技术塑造的世界，从肢体到大脑，从感官到心灵，在真正身心合一的思维模式下，达到具身认知效果，开启无限的想象。首先，VR/AR技术会调动人们更为积极地开展阅读活动。VR/AR技术能够使用户与虚拟程序实时交互，具有提高学生全身心投入学习的潜力。其次，VR/AR图书提供了多样化的阅读视角。VR/AR图书不仅呈现作者主观的描写，还会引发读者亲身体验虚拟场景后产生的想象，令他们产“共情效应”（Empathy）。湖南少年儿童出版社出版的《科学是这样的：一千个芒果的求证》，将湖南卫视的一档用科学实验验证传言的新闻求证节目《新闻大求真》三年的节目精华制作成了一本AR图书。如在《草船借箭》一章中，读者可以选择以曹操的视角思考是否射箭。其叙事视角从读者出发，整体的叙事逻辑关注读者的阅读体验。在阅读时，读者可以用手机、平板电脑等设备，拉远、缩小画面以俯瞰整个战场，也可以推进、放大场景，与书中人物近距离接触。

在今天，更多的读者热衷于阅读图文结合、直观生动的书籍。利用VR/AR技术把文字、图片、动画、视频和数字内容等结合是图书出版业的大势所趋。然而，“图像化”阅读使得逻辑思维与文字疏离。美国思想家丹尼尔·贝尔认为，

[1] 尼葛洛庞帝. 数字化生存［M］. 胡泳，范海燕，译. 海口：海南出版社，1997.

阅读的“图像化”倾向与当代社会浮躁的文化背景有关。当代社会有一种普遍倾向，即“渴望行动、追求新奇、贪图轰动，而艺术中的视觉成分最能满足这些迫切欲望”❶。在快节奏的现代生活中，文化消费主义盛行，各类媒介都热衷于呈现可视化、直观化的“即食”内容，人们越来越难以放慢生活的脚步，静下心来细细品味抽象化、单一化的文字。VR/AR图书把抽象化的文字变为可视化的图像，会导致读者放弃自主思考，取而代之的是接受VR/AR图书作者设计好的一切。当跳过了从抽象文字到意义生成的自我“解码”活动，VR/AR图书在激发人们想象的同时也会限制想象。

此外，一些技术性问题在用户体验层面也会限制想象。近眼显示的粗糙的颗粒感、较低的分辨率、信号传输的延迟等带来的眩晕不适感，难以实现完美的用户体验。好的VR/AR体验不仅依赖计算机信息技术，同时还涉及心理学、生理学、物理学、认知科学和教育学等领域。此外，新兴科技变革整个产业时对于产业化技术标准的制订不容忽视。国家新闻出版行政主管部门已经公布VR/AR出版物的生产标准化机制，加快推广国际标准关联标识符（ISLI）、中国出版物在线信息交换（CNONIX）。

如今的VR/AR图书市场一派繁荣，各式创意层出不穷。“我们反对携技术自重、轻视文化而又企图在文化领域捞金的‘野蛮人’，以‘颠覆’自许实际是缺少文化情怀、没有文化素养的表现。技术公司和内容单位要紧密合作，相互包容，取长补短，共同营造良好的VR/AR出版新业态。”❷ Saidin（2015）的研究也证实了，在学习和教育中，如果使用的新技术不能促进批判性思维、意义生成和元认知，那么，新技术将创造一个被动学习的过程。❸ 科学技术是媒介进步的催化剂，而优质内容是媒介推广的强心针，由此，引发我们关于技术与艺术问题的思考和想象。相较于机械复制，数字化技术为发挥主体创造性提供了可能，其

❶ 丹尼尔·贝尔．资本主义文化矛盾［M］．赵一凡，蒲隆，任晓晋，译．北京：生活·读书·新知三联书店，1989：154.

❷ 孙宝林．塑造健康的AR/VR出版新业态［J］．出版发行研究，2017（1）.

❸ NOR FARHAH SAIDIN. A Review of Research on Augmented Reality in Education：Advantages and Applications［J］. International Education Studies，2015（08）：13.

虚拟性摆脱了客观现实的束缚，为艺术的多元化发展打下基础。因此，兼具技术手段与艺术标准的 VR/AR 产品才会开拓并占有更大的市场。

VR/AR 技术将为整个图书出版发行行业注入新的想象。数字时代的“碎片化”阅读解构了人们的阅读时间和阅读方式，“信息噪声”充斥着人们的日常生活。VR/AR 图书带来阅读方式的变革，令读者在阅读时沉浸在当前情景中，进行人机高效互动，从而产生愉悦感和满足感，进而激发读者的想象，在脑中形成丰富的映像，达到最佳“具身认知”效果。

## 第三节　数字出版背景下的手机阅读审美心理探要

如今，在公交站台、地铁、餐厅、会场、电梯间、走廊、卫生间等几乎任何可站、可坐甚至可走的地方都可以看到这样一种阅读景观：读者拿着手机，旁若无人地看新闻、浏览网页、读电子书、聊天……不知从什么时候开始，这样的阅读方式好像突然成了当代最为流行的阅读时尚，相反，那种静坐在群书环绕的书房或图书馆里细细品味墨迹书香的老派阅读生活离当代人似乎越来越远了。那么，手机在当代人的阅读生活中的地位究竟如何？它为什么具有如此巨大的吸引力呢？本书将围绕这些问题来逐步探讨手机阅读及读者审美心理的一些重要特点。

### 一、数字出版背景下的手机阅读

中国的数字出版产业发展迅猛，整体规模从 2000 年的 15.9 亿元发展到 2006 年的 200 亿元，2007 年的 360 亿元，2008 年的 530 亿元，2009 年则超过了 800 亿元，首次超过我国传统书报刊出版物的总产值，2010 年是公认的中国的“数字出版元年”或“中国电子书元年”。[1] 到 2020 年，全年数字出版产业整体收入规模超过万亿元，其中，移动出版（移动阅读、移动游戏等）2448.36 亿元。[2]

[1] 本刊记者．数字出版，提升传统出版业态新途径［J］．编辑之友，2011（2）．

[2] 《中国数字出版产业年度报告》最新发布［EB/OL］．中国作家网，http://www.chinawriter.com.cn/413/n1/2021/1028/c403994-32266900.html.

数字出版以传统出版不可企及的发展速度影响着人们的阅读与生活方式，带来文化与科技的变革，这是出版史上的又一次进化。随着智能手机和移动互联网的飞速发展，办公室、红绿灯路口甚至洗手间里，及睡前醒后，人们利用手机看书读报、上网、聊天，这已经成为一种最普遍的日常生活方式。手机出版是数字出版的移动化趋势，手机阅读便捷、收费低廉、读者群广泛，移动数字出版内容涉及手机文学、手机书刊、手机动漫、手机游戏等，手机移动阅读也催生出更多的业态和传播方式。

手机阅读是以手机为文本载体，以内容的娱乐化、快餐化和通俗化为文本特点的一种全新的阅读方式。它离不开移动通信网络、LED 屏显等多项技术的支撑，同时，从社会学层面来说，它也是产生于信息社会、消费社会、审美化生存时代等多重语境中的一种普遍的社会现象。正是因为其产品特点顺应了当前社会的阅读需求，手机阅读自诞生之日起，便以其阅读方式的灵活性、随意性等特点迅速在用户人群中流行开来，并对传统的阅读方式带来了巨大冲击。

国家新闻出版署发布的第十八次全国国民阅读调查成果显示，2020 年有 76.7%的成年国民进行过手机阅读，较之 2019 年的 76.1%增长 0.6 个百分点；2020 年，我国成年国民图书阅读率为 59.5%，较之 2019 年的 59.3%增长 0.2 个百分点，数字化阅读方式（网络在线阅读、手机阅读、电子阅读器阅读、Pad 阅读等）的接触率为 79.4%，较之 2019 年的 79.3%增长 0.1 个百分点。[1] 这说明手机阅读已经超越台式电脑的阅读，成为人们首选的电子阅读载体。来自 CNNIC（中国互联网络信息中心）的调查数据刚好印证了这一点。

CNNIC 发布的第 45 次《中国互联网络发展状况统计报告》显示，截至 2020 年 3 月，我国网民规模为 9.04 亿，其中手机网民规模为 8.97 亿，较之 2018 年底新增手机网民 7992 万。[2] 这说明随着手机用户的急剧增加，手机阅读在电子阅读中占据的比重将越来越大，手机成为当代阅读中仅次于纸质文本的第二大阅读载

[1] “第十次全国国民阅读调查”初步研究成果公布［EB/OL］. https://www.nppa.gov.cn/nppa/contents/280/75981.shtml.

[2] 中国互联网络信息中心（CNNIC）. 第 45 次《中国互联网络发展状况统计报告》［EB/OL］. http://www.cnnic.cn/qywm/xwzx/rdxw/20172017_7057/202004/t20200427_70973.htm.

体和第一大电子阅读载体。手机成为第二大阅读载体和第一大电子阅读载体，这是一个具有重大意义的媒体事件。它是手机媒体在人们日常生活中价值、地位的凸显，也是手机出版对整个出版行业格局的一次影响深远的冲击和调整。手机阅读和手机出版大行其道，也为学界和业界带来了不少新问题，其中，手机阅读方式及其消费方式有什么新形式、新特点，就是极其重要的一个问题，它直接关涉手机出版的市场定位和产品开发，具有重要的研究价值。在此，本书将致力于探讨手机阅读的美学特点，尤其是读者的审美心理问题，以期为手机阅读方式的全面深入研究奠定基础。

### 二、手机阅读者的审美心理分析

关于阅读过程中的读者审美心理，近年来的研究成果不太多。陈丽君、李雪垠的《近三十年我国审美心理研究趋势》从“文献类型”“源期刊类别”“年龄段”“国际审美心理研究学科领域”四个方面分析了近三十年来的审美心理发展研究的情况，其目的在于找出目前审美心理发展研究的侧重点和薄弱点。张文东、王东的《论文学阅读中的审美心理需要》认为，文学阅读活动本身就是阅读主体审美心理需要不断得到实现的过程。王贺的《文学作品的美学特性和读者的审美心理》从不同文学作品的美学特性分析了读者的审美心理。廖华的《重视读者的审美心理——金圣叹小说叙事技法再探》通过对金圣叹的小说叙事技法的研究印证了金圣叹对读者审美心理的重视。关于手机阅读读者审美心理的研究较少，而接触手机阅读的用户数量2020年已经超过8亿人，手机阅读重新塑造了我们的知识获取方式、思维方式和生活形态，给用户带来了更好的阅读体验，对手机阅读特别是手机阅读读者的审美心理进行分析，以便为手机数字出版产业提供更富于人文精神与科学精神交融的手机文化产品服务，已经显得十分急切和紧迫。

阅读活动实质上就是一种审美活动，古往今来，品茶、赏花、读书一直是人们不可或缺的休闲娱乐方式。人们通过阅读开阔眼界，丰富知识，达到自我创新和自我超越的目的。在马斯洛的需求层次理论中，阅读归属于人的自我实现需要，是一种最高的需求层次。当前，由于手机媒体的到来，人们的阅读方式和观念都发生了深刻的变革，读者需要的不仅是悦目悦耳，也要求悦心悦神。手机审美欣赏的过程，就是进行审美的选择、分析、判断、体验、品位等的心理活动过程，通过联想、想象、情感活动来把握对象的审美特性，从而产生审美的快适感，以实现审美主客体的融合，获得高度的审美享受，这就是手机审美带给读者的美感体验。在手机出版过程中，只有把握好读者的审美心理，使手机出版物从内容到形式无不蕴含着美，让读者在阅读的过程中不断获得精神上的愉悦和享受，审美主体才会产生美的情感体验，与审美客体产生共鸣，手机阅读只有这样才能成为现代人的一种有美学价值的欣赏方式和生活方式。

由于手机阅读与传统的阅读方式有很大区别，其审美心理过程也呈现出前所未有的新特点，主要包括个性化审美需要、瞬时性审美体验、多元化审美价值取向三个方面。

### （一）个性化审美需要

审美活动是人对客观世界是否合乎自己的审美需要（生理快感和精神愉悦的需要）而进行的一种价值判断和情感体验活动。[1] 审美也是人主动地感受世界、认识世界、理解世界和融于世界的一种文化形式，审美的过程就是人与自然、人与社会和谐共融的过程。同纸质阅读活动一样，手机阅读的发生和实现的过程，依旧是一种审美对象化的过程，也是主体客观化的过程，是读者在对象化的阅读中获得信息，同时也获得精神愉悦和心理满足的过程。阅读者阅读行为的发生和完成、阅读对象的选择、阅读行为方式的规范乃至阅读心态的调整，实质上都直接来源于读者的审美心理需要。

审美需要是欣赏和创造具有审美价值的事物以获得精神愉悦的一种心理需求，它具有鲜明的个体性特点，表现为对审美对象的形式、结构、秩序和规律的个体化的把握和感受。[2] 而手机阅读这种迄今最具有个性化的阅读方式，为审美需求提供了最好的突破口。基于 web 3.0 的线上阅读，不仅通过手机为读者提供多元化的阅读内容，而且更强调带给受众一种极具沉浸式的视觉体验。读者在接

---

[1] 郭成，赵伶俐. 美育心理学：让教与学充满美感和生机［M］. 北京：警官教育出版社，1998.

[2] 童庆炳. 童庆炳谈审美心理［M］. 开封：河南大学出版社，2008.

受内容的同时可以进行观点的输出，与作者和受众进行互动交流。电子杂志更是兼具传统的纸质与数字阅读的双重特点，在阅读中使读者不仅产生视听结合的立体沉浸感，也给读者带来了一种与杂志之间虚拟的触摸感。以 ZAKER（扎客）阅读为代表的免费聚合类阅读软件，可以根据用户喜好，将“报纸、杂志、博客、新闻资讯、团购、关注话题、RSS、Google Reader 等”所有信息都聚合到一起，以最美观的形式供读者阅读，读者还可通过自定义功能，在海量的资讯中选择自己关注的内容，省去在各个网站来回选择的麻烦，使阅读更加便捷和个性化。未来的手机阅读还将为内容流动形成无缝整合空间，提供更加个性化的服务，例如结合读者身份、位置、感知的应用将使手机阅读内容更加精彩纷呈，如移动位置服务（基于位置可以开发出如移动导航、移动定位、移动地图、亲子通等多种服务）、移动互动阅读服务（结合地理信息的本地化服务）等。

可见，手机阅读的互动性、富媒体性、便捷性和高度的信息关联性等优势，能够很好地满足读者的个性化需求，这种满足感能够给读者个体以强烈的心理愉悦感，使读者沉醉于一个声、光、电的虚拟世界之中，从日常生活的当下被“带出”，融于“客体的诱惑”（鲍德里亚语）之中，从而获得强烈的美感体验。

### （二）瞬时性审美体验

在审美活动中，一片自然风景为什么变成了一个心灵的境界？❶ 一首诗又为什么可以千百年来引起不同人的“共鸣”呢？这就是审美体验的结果。

现代美学范畴中的审美体验是指人在对审美对象的感受和体验中所达到的精神超越感和世俗超脱感，马斯洛称为“高峰体验”。在审美体验的一瞬间，人的感知、回忆、联想、想象、情感、理智等一切心理机制都处于最自由的状态，人的整个心灵暂时告别现实而进入自由的境界。❷ 把读者置身于愉悦的、创造性的、个性化的手机阅读之中，让他们在其中获得丰富的情感体验，点燃情感的火花，使其在情绪的勃发中进入审美的圣殿，唯有如此，强烈的体验感才会深深地激发读者进行手机阅读的欲望。

---

❶ 叶朗．现代美学体系［M］．北京：北京大学出版社，1999.

❷ 叶朗．现代美学体系［M］．北京：北京大学出版社，1999.

相较于传统阅读，手机阅读是一种更轻松快乐的浅阅读，读者更注重视觉的享受。文字、图像可以没有意义，但一定要“养眼”，视觉效果一定要好，阅读不仅是汲取知识与教益，更为重要的是获得快乐。在手机阅读的过程中根据情节，读者可以欣赏到相应的背景音乐或者图片，读书变成读图，手机阅读成为体验感更为丰富、有趣的阅读方式。如ZAKER（扎客）阅读不只在于简单、快捷，更将好玩、趣味的成分融入其中，ZAKER阅读版式精美大方，进入软件主页面，订阅的内容都以图文的形式，按照九宫格的排列方式呈现，华丽精美的排版，让枯燥的阅读变得更有趣，增强了阅读体验感。

总之，手机阅读作为浅阅读具有便捷性、随身性、即时即地性等优点，对于没有整块阅读时间的人来说，在碎片化的时间里，他们能阅读到或幽默，或深刻，或感人，或悬念迭出的故事、小说、散文或其他文化产品，能随时随地去发现日常世界中的那些平凡琐事的极其微妙的甚至不引人注目的美感，获得瞬时而又激动人心的审美体验，这就是手机阅读带给读者的前所未有的阅读新体验。

**（三）多元化审美价值取向**

手机作为第五媒体因具有快捷性、富媒体性、交互性、多界面性、视屏化、人性化等特点，可以充分地展示人类文化的魅力与神奇，如果说纸与笔、阅读与手写是人类社会悠久历史上的一种传统文化，那么集声光电于一身、聚音字像于一体、汇采传受于一点的手机传播新模式，便是当今人们认识世界、认识自我的一种新的文化形态。手机出版中的文艺产品，更多用来供人消遣娱乐。手机文艺创作的过程往往就是在线交互的集体接龙、协商切磋。手机视频、手机音乐及手机软件应用综合利用人体视觉、听觉、触觉等多种感官传达通道营造出逼真的现场感，传统的印刷时代是以文字阅读为中心，而手机出版时代则使人们进入一个“读图时代”，风格化、时尚化、仿像化、奇观化的审美取向渐成潮流，正如某研究者所说：在计算机建立的当代信息社会中，新媒体的出现使得数字化与图像化已经成为我们信息传达的重要方式，从某种意义上来说，也成为生活的重要内容和生存方式，同时，数字化与图像化也成为当代文化的基本趋势，对当代人的审美取向产生了巨大的影响。审美取向是人们感知、判断和评价美时所遵循的审美价值尺度，当代读者在手机阅读中体现出审美趣味、审美风格及审美理想的多元化趋向，这些都与传统阅读方式大为不同。比如，在审美趣味方面，手机阅读具有快餐化、时尚化、个性化、娱乐化等趣味特征，而传统阅读则是一种追求深度的阅读，它以文字为媒介，对读者的逻辑思维能力提出了很高的要求。在手机阅读时代，手机出版商必须深刻认识到这一点区别，要更加关注读者的心理需求与审美趣味，无论是手机阅读界面的设计，还是内容的编排，抑或是版面布局、色彩搭配、文字形象、图形图像、动画效果、内容选择等方面，都应该尽力满足读者的审美趣味需求。

总之，在一个文化多元化的时代，阅读理应是有着不同方式、不同层面及不同取向的多元阅读。当手机阅读等新的文化形式登上审美文化的舞台时，我们发现，现代视觉文化背后的审美缺失已经带来新的"视觉疲劳"，只有在阅读中满足读者更多元的审美需求，既注重感性也注重理性；既注重平民主义式也注重精英主义式；既注重平面化感受也注重深层次阅读，手机阅读才能成为健康、和谐而又富于生机的阅读。

手机阅读时代，人们的阅读方式和审美观念发生了重大变化，手机出版商应该把握住读者的这一变化，使手机出版物从内容到形式都浸润于美的氛围之中，加强阅读界面的美化与设计，提供更精彩、丰富的阅读内容，使读者在手机阅读的过程中不断地感知美、体验美、品味美，从而激发读者的共鸣，使其获得精神上的愉悦和享受，唯有如此，手机阅读作为现代人的一种重要阅读方式和生活方式，才会受到越来越多读者的喜爱，从而实现手机数字出版产业的跨越式发展和增长。

# 第六章

# 手机媒体的审美功能

# 第六章
# 手机媒体的审美功能

## 第一节　手机媒体的审美特征

现代移动通信技术带来了信息传播方式和效率的革命性变化，其传播方式的颠覆性、对人们生活影响的深远性，以一种技术性的力量改变着我们对时间和空间的认知，重新建构着社会关系和人们的感知方式。

信息传播方式的演进必然影响和促成审美观念的变迁，方兴未艾的手机传播为人类创造了全新的信息交流方式和感知世界的方式，它催生了新的人际关系和交往方式，孕育着新的审美精神，刷新和激活了自由与共享、自主与平权、互助与奉献、开放与兼容等现代审美意识，极大地拓展了人们的审美空间。手机媒体以自身审美交互的主体性、审美客体的虚拟性、审美体验的主动性及审美创作的个性化、生活化为审美特征，对传统的审美方式无疑是一种冲击和颠覆，丰富了人们的审美体验，使人们的审美生活发生深层变化。

### 一、审美交互的主体性

手机媒体受众与传统媒体受众的区别是，它们不再是传播的终点，而成为促使信息进一步传播的起点。在手机传播中没有绝对的传播者和受传者的概念，双方共同构成交互传播的主体，彼此通过信息交互处于你来我往的互动状态。

手机的移动通话、移动博客和移动社交等功能带来了特有的手机人际传播和大众传播新方式。与其他任何一种传统媒体相比，手机在最大范围内实现了几乎同时进行的“双向循环”传播模式，手机强化了奥斯古德与施拉姆强调的“社会传播的互动性”，“参与传播过程的传受双方都在不同的阶段扮演编码者、释码者和译码者的角色，双方执行相同的职能”。[1] 手机传播的传受双方在传播过程中不仅仅是主体平等的关系，更难能可贵的是，这种讯息交互活动的即时性也让双方信息传播的编码、传递、解码、反馈在手机媒体的双向线性传递中高速运行，第一时间实现双方符号和意义的表达。

湖南卫视“超级女声”初兴时期，手机短信投票活动让大众深刻感受到手机媒体即时交互的乐趣，特别在“超女”决赛期间，伴随着电视台的直播，移动运营商的短信数量直线上升，在满足大众的审美表达的同时，移动运营商和电视台也赚得盆满钵满。当前，微博成为人们的娱乐日常，微博可随时随地了解明星微博动态及跟踪好友信息，即时发表、回复、评论微博成为当今青少年的一种新的审美体验方式。尤其在进入智能手机时代后，随着无线网络的完善和手机功能的升级，图像、动画、视频流的编辑操作变得更加容易，手机用户甚至可以即时拍摄视频、即时编辑、即时上传，并能得到即时的受众反馈。

保罗·莱文森说：“人类有两种基本的交流方式：说话和走路。可惜，自人类诞生之日起，这两个功能就开始分割，直到手机横空出世。”[2] 说话是人类传播信息的基本方式，将其与走路联系起来，表明信息的一种移动传播新方式。手机带来了传播方式的变革，移动通信技术使人们在移动中就可以根据自己的审美兴趣进行审美活动，创造了手机移动化的交互审美。

## 二、审美客体的虚拟性

虚拟是人类社会发展到数字化时代的特定产物。“在我们的时代，虚拟特指

[1] 孙庚．传播学概论［M］．北京：中国人民大学出版社，2010：26.
[2] 保罗·莱文森．手机：挡不住的呼唤［M］．何道宽，译．北京：中国人民大学出版社，2004：16.

用 0、1 数字方式去表达和构成事物以及关系，具体地说，虚拟是用数字方式去构成这一事物，或者用数字方式去代码这种关系，从而形成一个与现实不同但却有现实特点的真实的数字空间。”[1] 虚拟技术使得人类能够随心所欲地收集信息、传递信息、创造信息。

数字虚拟技术所带来的巨大变化首先体现在人类的审美对象上，也就是审美客体。从人类文明发展的历史看，艺术门类几乎没有发生什么大的变化，音乐、舞蹈、绘画、戏剧、雕塑、建筑、文学在古代就已经具备，随着工业革命和近现代科学的发展，摄影、电视、电影等新的艺术门类诞生了，但是数字技术带来的是一种崭新的、从未有过的巨大变革。以往的艺术门类都是拟态或者是模拟的，而数字虚拟技术使人类能够将内心的任何想象展现出来，无论是迷离的幻想还是现实中不存在的离奇怪声，可以说，数字虚拟技术带来了虚拟化的审美对象。

数字虚拟技术使人类可以脱离现实中的物质世界，而进入一个虚拟世界，虚拟世界是那么逼真，几乎可以代替整个现实的世界。在虚拟空间中，人们可以像在现实生活中一样，购物、交友、结婚。今天，技术与艺术的结合是如此紧密，虚拟技术甚至有替代一切艺术门类的可能，丹尼尔·贝尔说：“目前居统治地位的是视觉观念，声音和景象，尤其是后者组织了美学，统率了观众……当代文化正在变成一种视觉文化。”[2] 虚拟数字技术让我们进入了一个数字图像的世界。

马歇尔·麦克卢汉说“媒介即人的延伸”，那么手机无疑就是对人类视听觉感官的延伸。智能手机不仅满足了人们即时通信交流的愿望，而且光怪陆离、震撼人心的虚拟画面和高保真声音也从图像化的“视觉文化”理念上颠覆了传统的审美秩序。可视对话、移动博客、手机影视等使人与人之间的交流方式日益图像化、数字化、虚拟化，手机把我们带入移动的数字化时代，虚拟的审美对象可以随时随地给我们带来各种满足感和幸福感。

---

[1] 陈志良．虚拟：人类中介系统的革命［J］．中国人民大学学报，2000（4）：57-63．

[2] 丹尼尔·贝尔．资本主义文化矛盾［M］．赵一凡，蒲隆，任晓晋，译．上海：生活·读书·新知三联书店，1989：156．

## 三、审美体验的主动性

在娱乐文化和时尚消费的社会语境下，当代青少年群体选择、购买手机的目的与动机，已不再仅仅是简单的满足通话需求。语音通话、短信这些基本功能几乎成为可以忽略的因素，人们关注得更多的是手机好看、好玩的时尚娱乐元素，如造型（直面屏、曲面屏、全屏），娱乐功能（拍照、摄像、录音、蓝牙、触屏、导航、网上游戏），功能效果（像素、音乐播放音质、大屏幕、软件），等等。

手机网络游戏的审美诱导充分延伸了当今人们审美体验的“超构性”，即玩家在手机网游中获取的审美体验超越现实生活、超越个人个体经验，正在进行着崭新的虚拟意义构建。手机在线网游，可以随时随地将玩家由现实空间带入“赛博空间”，即数字技术和全球网络所创造的虚拟空间。“赛博空间”因手机新通道而多维地穿插进人们的现实空间，让用户可以在逃离现实空间的时候将精神甚至生理即时、临时进入“赛博空间”，使人们主动获得一种对现实空间的摆脱感。人的“这种逃离和不在场欲望与审美体验必然相关”,❶ 手机网络游戏利用人们零散的时间在虚拟的“赛博空间”体验网络互动娱乐和人际沟通的乐趣。游戏中，玩家之间可以合作过关或互战对决、在线即时聊天、互动互交……游戏之外，用户也可在网络社区交流游戏心得、交易游戏装备、展示个人专属空间等，就像让·鲍德里亚所说的那样：“数字化的冷酷宇宙吞噬了隐喻和转喻的世界，模拟原则既战胜了现实原则，也战胜了快乐原则。”❷ 人们可以自主地进行时尚的数字生活审美体验，但同时也出现了诸如信息污染、色情泛滥、人情隔膜等一些负面效应。

每一次技术的变革都会对社会生活产生巨大的影响。当下，5G 这一全新的移动网络技术，势必成为数字化社会发展的基础，对社会全环节、全要素产生变

❶ 刘自力. 新媒体带来的美学思考［J］. 文史哲，2004（5）.

❷ JEAN BAUDRILLARD, POSTER MARK. Jean Baudrillard: Selected Writings［M］. Stanford: Stanford University Press, 1988: 147.

革性影响。在5G时代的场景下，手机审美文化建设比以往显得更为必要和迫切。

人们对手机审美体验的获取是积极的、渴求的，希冀可以将一切媒介的娱乐功能与审美体验高度集成在手机上，把手机变成获得视觉、听觉、触觉等多重感官体验和神经刺激的个人审美体验终端。手机使人们不仅是一个客观世界的被动接受者，更是一个主动创造者，使人们可以把自己内心的任何想象都通过手机建构出来。

### 四、审美创作的个性化、生活化

新媒体出现后，人类首次实现了“从原子到比特”的飞跃。尼葛洛庞帝说：“比特没有颜色、尺寸和重量，能以光速传播。它好比人体内的DNA一样，是信息的最小单位。”[1] 比特集合而成的手机数字化艺术作品，具备数字性、移动性、日常生活性等特点，让人人都可以参与比特集合的审美创造和审美交流，实现人人都成为“艺术家”的梦想。

过去，人们只能被动接受媒介信息。传统媒介相对于手机等新媒体而言，更多地作为精英审美文化的表达工具。由于媒体信息的传播几乎不具有可控性，大众无法进行个性化参与，所以往往体现为对信息的被动、被迫、无奈接收。而手机建立起来的移动互联网信息传播方式，几乎是没有参与人数限制的交流平台，人们手中的手机不仅是接收信息的工具，更是发布信息、参与传播活动的工具。这种对信息的延续传播，不是一成不变的复制和重复，而是加入了手机用户的审美创造的个性化、生活化表达。

人们热衷于借助手机媒体参与审美创作活动，正是因为新的媒体技术以改变信息传播方式的途径打破了信息和话语权的垄断，为大众提供了可以自己创作传播内容和复制、改编、增补已有信息的功能——尽管质量良莠不齐，但极大地丰富了手机媒体的信息类型、信息风格和信息量等，将手机用户推到了信息创作者和传播参与者的位置。

---

[1] 尼葛洛庞帝. 数字化生存［M］. 胡泳，范海燕，译. 海口：海南出版社，1997：24.

人类发明并利用手机媒体，创造了手机艺术。反过来，手机艺术又进一步激发了人类审美创造的热情和兴趣，进而促使人们在手机传播活动中更有意义地参与和创造，而个性化、生活化的手机艺术作品大大发展和提升了大众的审美创造能力。

手机媒体以其特有的审美功能和特征不断为用户带来审美的新快感、新体验，带来了一种新的移动审美生活方式。

## 第二节　手机 UGC[1]——审美创造新舞台

审美创造是人有意识地创造美好事物的心理活动、实践行为和创新成果。[2]审美创造是人类认识世界、改造世界中创造性活动的重要组成部分，是合规律性和合目的性的统一，具有自主性、自觉性、自由性的特点。审美创造是人的本性和人的生命活动的本质特征，表现了人的潜力，提高了人的能力，使人由自然的人变成审美的和具有创造力的人。

### 一、手机 UGC 的兴起

移动通信技术带来了高带宽、高速率，大大拓展了传输渠道，因而渠道的稀缺让位于内容的稀缺，智媒时代“内容为王”，在移动网络平台中提供合乎受众需求的内容和服务，依旧是手机媒体的典型特征。手机是“第五媒体”，也是继电影、电视、电脑后的第四块“屏幕”，简单地将电影、电视内容搬上手机屏幕显然不能满足用户的需求，如何让手机“屏幕”内容丰富起来，让“移动”的内容更加精彩？伴随着以提倡个性化为主要特点的 Web 2.0 概念兴起的手机 UGC，即手机用户将自己原创的 DIY 内容通过移动网络平台进行展示或者提供给其他用户，在 UGC 模式下，用户不再仅仅是信息接收者或观众，更是手机内容的生产者和供应者，这样，体验式移动网络服务得以更深入地进行。无论是手机

[1] 全称为 User Generated Content，即用户生成内容。
[2] 朱立元. 美学大辞典［M］. 上海：上海辞书出版社，2010：108.

音视频、短信、彩信，还是手机文学作品、图片等，它们的生产创造者都是手机用户。网络文化最敏感的预言家之一霍华德·莱茵戈德认为，互联网的力量从电脑转移到手机上，诞生了全新的社会现象，产生了全新的沟通模式。[1]

信息传播的最终目标是突破时空界限，解放人类自身，实现随时随地的传播。随时带来了时间的自由，随地带来了空间的自由，而时间与空间都是现代经济最稀缺的资源。因而，以手机为载体，实现媒介内容的移动化，给人类带来了价值的创造和提升。[2] 手机等数字化媒介的兴起把媒介的使用变得“碎片化”和“分工化”，重要的是“微内容”（“微内容”是指形式短小、内容广泛、形态多样，生活化、个性化、平民化的手机内容）的崛起。过去大量不被我们重视的内容（个人的非公共的内容）由于有了网络平台，搜索工具的聚合功能得到了凝聚，对以前的“巨内容”提出了挑战。UGC 是“微内容”的重要来源，UGC 的产生标志着一个用户上传时代的来临。上传被誉为第四大让世界变平坦的因素，平坦世界这个平台的创建不仅让更多的人能够创作自己的内容，就创作内容开展合作；还让他们可以上传文件，以个人的方式或作为自发社区的一部分将这些内容传向全球，而不需要依靠任何机构或组织。这种个人和社区的新生力量经常可以免费地创造、上传和传播自己的产品和观点，而不仅仅是被动地从商业企业或者传统机构下载这些东西，这是对创造、创新、政治动员和信息集散流程的根本改变。[3]

### 二、手机 UGC 解放了人类的审美想象力和审美创造力

智能手机的诞生和发展，势必丰富人类艺术创造的手段，为人类艺术发展开辟前所未有的崭新空间，它对数字虚拟世界的创造和显现能力，对大大解放和促进人类的审美想象力和审美创造力影响深远，使艺术进入“只有想不到，没有做不到的时代”。在现代信息技术环境下，光、速度、符号、数字、音响、视频加

[1] 张通生，杜丽芬. 3G 后传播时代的手机媒体［J］. 新闻爱好者，2009（24）.

[2] 肖弦奕，杨成. 手机电视：产业融合的移动革命［M］. 北京：人民邮电出版社，2008：36，38.

[3] 托马斯·弗里德曼. 世界是平的［M］. 何帆，肖莹莹，郝正非，译. 长沙：湖南科学技术出版社，2007：314.

上移动网络，使个性化、多样化的手机艺术作品透过移动网络以比特式复制形式四处传播，创作已经不再是艺术家个人的私事，复制已经不只是模仿，每一个参与传播的人都在进行新的审美创造，艺术作品与信息的区分不再清晰，听觉、触觉等其他感知器官也加入了审美的过程，手机传播者在庞杂的影像信息中，选择、过滤、重新组装，接收者也成为参与者，甚至是艺术作品内容的提供者和作品创作者之一。

“人”既是审美的主体也是审美的传播者，又是最活跃的审美传播媒介。[1]人在接收审美信息过程中也在传播着美，手机是人们随身携带的“影子媒体”，也称为“人人媒体”，人们利用手机既可欣赏美、创造美，也可传播美。手机摆脱了电话绳的限制，可以随人而移动。手机技术进步与功能变革，为人们提供了一个较为丰富的移动性的审美空间，这不仅源于手机自身美学价值的提升，还源于手机提供了较为丰富的审美创造途径，如手机短信、手机拍照、手机摄录功能等都为人们的审美创造提供了便利，便于人们可以根据自己的审美趣味和审美价值观进行审美创造。5G 移动网络让审美信息的交换与流转变得十分方便，5G 技术下的用户移动通信体验速率更高、体验感更优，成本却更低，这极大激发了人们审美创造的热情和主动性，自主、自觉、自由地审美化创造让人变为具有审美能力和创造力的人。

手机媒体的内容以多媒体的形式存在，例如文字、图片、音频、视频等，具有整合信息传播的优势。[2] Lifeblog 等手机 App 可以自动将图片、视频、文本和多媒体信息整理到一个整洁的时间表中，使用户便捷地浏览、寻找、编辑和保存，加之手机音视频拍摄、编辑、制作、传播、接收等功能的开发和普及，意味着媒体艺术创作向非专业化和个体化发展成为现实，手机艺术作品创作的过程往往就是在线交互的集体接龙、协商切磋，每一个手机用户都可以自己创作手机艺术作品，每一个人都可以成为移动传播时代的“艺术家”。智能手机使审美活动超出了所谓纯文学（艺术）的范围，渗透普通人的日常生活，带来了一个审美

[1] 曾耀农. 现代传播美学［M］. 北京：清华大学出版社，2008：214.

[2] 肖弦奕，杨成. 手机电视：产业融合的移动革命［M］. 北京：人民邮电出版社，2008：36，38.

化的生活世界。

### 三、手机 UGC 与个性化审美创造

马尔库塞认为“美学的根基在其感性中，人类的自由就植根于人类的感性之中”。[1] 智能手机使艺术生产和传播走向平民化、日常生活化，美感的发生、创造和传播更加自由和多样，大大丰富了人们的感性生活世界。2005 年 6 月，东方龙信息有限公司投资的国内首部手机互动情景剧《白骨精外传》正式开机，为城市中的“白领、骨干、精英”定做，每集只有 5 分钟。通过手机 WAP 站点，用户可以一边看电视一边玩短信游戏，还可以发表实时评论，对剧情进行预测。[2] 手机电影作为崭新的电影形式，是一种“微电影”形态，与传统电影不同的是，人人都可以制作。志同道合的“微电影”人可以组织起来，分别充当编剧、导演、演员及剪辑等，个人化地策划、编剧和拍摄，在充分交流和互动式讨论中制作出满足不同用户需要的、个性化的手机电影。观众也可以按照自己对主题、情节的理解，进行改编并即时上传，这样，观众参与了制作，就从传统电影的被动接受中解放了出来，这是手机电影对传统电影的彻底颠覆。如果说卡拉 OK 使每个人可以体验当歌星，那么手机电影则使每个人可以体验当导演、演员。手机电影极有可能成为一股新的娱乐潮流并“激发你的体验”，我们将迎来一个电影平民化时代的到来。

人们甚至可以制作自己的手机杂志。2011 年 7 月，背景音乐响起，手机屏幕上显出文字“你收到新的手机杂志《西藏旅游攻略》，阅读请点确认”。打开后首先是一段手机拍摄的视频，动态的画面中藏羚羊正在奔跑……伴随着神秘、空旷的音乐，“这是我在西藏旅游时遇到的精彩好玩的事情和旅行中的记录，我编成了手机杂志，希望对大家到西藏游玩有所帮助”。随后出现手机杂志作者说话的镜头，这样的个人手机杂志包含了视频、音乐、音响、文字、图片等内容，是创作者个性化的审美创造。

---

[1] 马尔库塞．审美之维［M］．李小兵，译．北京：生活·读书·新知三联书店，1989：143.

[2] 匡文波．手机媒体概论［M］．北京：中国人民大学出版社，2006：106.

人类一直都有把自己看到的转瞬即逝的视觉影像和听到的声音记录下来使之永存的意愿，记录的方式不仅直接作用于美的创造，而且直接作用于美的传播和审美的效果。[1] 用户可以把自己创造出来的手机电影、手机电视、手机文学、手机音乐等艺术作品，甚至看到的日常生活现象，通过视频、图片和文字即时上传，也可以根据其他用户的评论或修改建议进行再创造和再上传，这就是伴随着Web 2.0概念兴起的UGC“用户生产内容”。这些由用户生产出的“微内容”已经成为当下手机内容的重要来源。为了使自己生产的艺术作品更有吸引力，人们会更加重视自己的审美思维和作品的审美价值，在创作中充分展现自己的思想与情感，大显身手的同时也不断提高着自己的审美能力。5G手机大大提高了普通人进行日常生活式审美创造的主动性，5G技术的发展将催生全新的网络场景，用户未来不仅是内容生产者，也将成为场景创造者。他们会有意识地发现美并分享美，利用手机软件进行各种画面、图像和声音的合成，达到排列、组合、抽取、叠加、变形、虚化、重复、光化、强调和移接等表现效果，审美的表达从时间转向空间，从深度转向平面，从整体转向碎片。

时至今日，手机已经不再是冷冰冰的、僵化死板的“物”，而成为一个饱含生命气息的、灵动的“人”，手机与人的关系也不再仅仅是人与物的主客关系，而是成为“熟人”和“朋友”，体现出的是一种主体间性。手机“跟随”着主人，甚至24小时形影不离，它潜移默化地影响着创作者的审美意识和艺术表现方式，使人们的审美创造能力发生改变。

## 第三节　以美育德，以德育人——手机媒体时代大学生德育路径探析

育人之本，在于立德铸魂。德育之于国家、社会、个人，具有基础性的意义，与智育、体育、美育、劳育相互渗透，共同促进学生形成正确健康的世界观、人生观和价值观。虽然大学生已迈入成年阶段，但他们的心智、情绪尚未完

[1] 贾秀清，栗文清，姜娟. 重构美学：数字媒体艺术本性［M］. 北京：中国广播电视出版社，2006：58.

全脱离稚气，如何充分利用其发现美、追求美的天性，控制其尚未成熟的心理情绪，在轻松愉悦的环境中实现优质、高效的德育，是摆在我们面前的一个既现实又迫切的问题。随着技术的不断发展，手机媒体作为便携的媒介工具已经渗透大学生群体的日常生活，如何用手机来开辟更多学生喜闻乐见的德育内容和德育形式，如何通过美的途径实现“以美育德，以德育人”的目标就成了我们必须解决的问题。

## 一、以手机美育触德育设想是可能的

随着移动通信技术的迅速发展和广泛应用，手机媒体凭着便携性和易操作性的优势进入平常百姓家。“如今我们拿着手机，使声音、语音、图像和文字召之即来，我们站在媒介演化第三阶段，站在其回廊欣赏美景。”[1] 而随着手机媒体的社会影响日益深远，手机媒体的美育功能受到越来越多国内外专家学者的关注，他们试图“凭借智能手机这种可移动的‘第五媒体’，增强其启真、扬善、怡情的美育功能，开辟出移动审美教育的新方式，随时随地滋养人们的心灵，提升人的精神境界，促进人的全面发展”,[2] 与此同时，手机美育作为一种更开放、互动、包容的美育方式，为德育开辟了崭新的空间和领域。德育是一种偏理性的教育，它注重以理服人；而美育则是一种偏感性的教育，它给予人们情感的关怀，注重以情动人。“以美触德”就是用美感滋养心灵的同时，进行道德素养的培养，“凭借手机强大的技术与审美功能，随时随地都可以让人们获得审美体验并在潜移默化之中受到美的熏陶和感染”[3]，在耳濡目染中陶冶人的情操，潜移默化之中将对美的追求渗透对德、善的追求。充分开发手机媒体的美育功能，通过美育内容的传播而达成德育目标，并不断创新德育形式，丰富德育内容，以实

---

[1] 保罗·莱文森. 手机：挡不住的呼唤［M］. 何道宽，译. 北京：中国人民大学出版社，2004：47.

[2] 张建. 手掌上的风景：智能手机时代移动审美方式研究［M］. 北京：中国社会科学出版社，2016：35-36.

[3] 张建，陈本友. 以手机为终端的“互联网+”移动美育研究［J］. 华东师范大学学报：教育科学版，2017，35（5）：109-116.

现“以美触德”的构想。在美的滋养中，德育对象不知不觉地将道德修养内化为自我的行为准则，达到传统德育所说的“内得心源”的境界。美育作为外部性和工具性的存在应用于德育，使德育以美的形式呈现，在理性和感性交融并存中，将人培养成“完整的人”，即“人以一种全面的方式，也就是说，作为一个完整的人，占有自己的全面本质”。❶ 在这个富有美感的、情理结合的过程中，更好地落实立德树人根本任务，引领学生树立正确的审美观念、陶冶高尚的道德情操、塑造美好心灵。

在大学生的德育过程中，生硬的灌输和空洞的说教往往不会产生很好的效果，也往往无美感可言。席勒认为，“知性启蒙不能脱离人的感性现实，因为必须经过心灵才能打开通向头脑的道路”,❷ 朱光潜说，“我坚信情感比理智更重要，要洗刷人心，并非几句道德家导言所可了事，一定要从‘怡情悦性’做起”❸。美育内容丰富，覆盖面广，将德育和美育相结合，就是要打破传统德育枯燥严肃的说教模式，将德育手段化为艺术的策略，使学生可以在审美中实现以情感和想象的创造力为核心的各种心理功能的自由运动，迸发生命的力量，而这种力量恰恰是连接德育和心灵的桥梁。

如今，大学生作为时代的“网络原住民”，更需要以手机为终端“以美触德”。孔子说“知之者不如好之者，好之者不如乐之者”，学生只有“好之”才会“乐之”，才能寓教育于娱乐和美的赏析中，借助“美的教态”和“美的语言”营造美的环境，利用智能手机的先进技术把最优秀最经典的文艺作品作为“美的材料”，通过文字、图片、动画、游戏等文本、音视频形式，在“美的情感”的浸染中感受各种美的事物。这里，“美的事物”是一个宽泛的概念，它包括自然界、科学界、艺术界等一切领域的美感。与此同时，将道德规范和晦涩难懂的德育知识寄予到美的道德形象上，可以培养学生对美的欣赏力、创造力和表现力，使学生形成道德认知和情感认同，继而培养好的行为习惯和由心而发的道

---

❶ 马克思．1844 年经济学哲学手稿［M］//中共中央马克思恩格斯列宁斯大林著作编译局．马克思恩格斯全集：第 42 卷．北京：人民出版社，1979：80-81.

❷ 席勒．美育书简［M］．徐恒醇，译．北京：中国文联出版社，1984：110.

❸ 朱光潜．朱光潜美学文集：第三卷［M］．上海：上海文艺出版社，1982：68.

德意志。“以美触德”是一个春风化雨的渐进过程，能使学生在审美的自由中建构起健康人格。

## 二、以美育触德育主体当有作为

审美的自由是人对自身局限的超越，而智能手机作为数字化生存时代背景下的技术工具，可以真正落实“以美触德”，从而达成“以德育人”的德育目标，构建出学校、家庭、社会的手机“大德育”体系。传统的德育主体之间内在关联较少，家庭、学校和社会机构只是在时间安排上错开，各个主体在分别进行教育的过程中，其他主体既无法观测到具体内容，又无法与之产生空间上的连接，从而导致德育的分割与低效率。其中，学校德育虽系统完整，但单向输出的教育方式易使学生抵触和反感；家庭德育虽有最优的环境，但受制于家庭成员的教育能力和教育理念；社会德育虽在数量和范围上占据优势，但目前缺乏强有力的引导机制。家庭、学校、社会德育优劣兼备，只有它们之间相互促进、相互融合，才能实现最优的德育效果。而手机作为具有广泛影响力的新兴媒体，恰好可以充分发挥其优势和功能，成为融合学校德育、家庭德育和社会德育的“大德育”工具，构建“以学校德育为主导，以家庭德育为基础，以社会德育为依托”的三元互动的“大德育”体系。

从学校德育来看，手机美育将课程中“美”的内容淋漓尽致地展示出来，让学生利用碎片化时间自主地探究美、体验美，能够用审美的眼光去发现美、感受美并创造美，进而形成正确的道德认知。将手机美育融入整个学校德育活动之中，可以让学生在充满美感的校园生活中获得个性的解放和自由，实现对主体的超越和对道德精神的弘扬。

从家庭德育来看，大学阶段的孩子大多开始摆脱家庭的约束，以说教为主的传统家庭教育模式难以发挥作用，与此同时，远距离的情况也更容易使家长与孩子之间产生隔阂，交流不畅。以智能手机为工具平台，合理利用各种美的形象以在线交流的方式来感染和影响孩子，分享家庭生活中每一件细小的事情来引导孩子形成正确的价值观，可以在美感的浸染中触发孩子审美素养的提升和道德情感的培养。因此，在家庭德育过程中，我们可以充分发挥手机德育情境性的特点与功能，将现实情境与虚拟情境相融合，以便对学生进行人品、人格教育，构建孩子的审美化人格，使其成长为情趣高雅、品德高尚的人。

从社会德育来看，利用手机这一深受大众喜爱、普及程度很高的媒介工具，能够有针对性地开辟出更加专业化、小众化的德育形式，突破学校和家庭的局限，在充满乐趣的美感体验中随时随地提升学生的道德素养与人格修养，正如林语堂曾说“教人爱美并不是靠书本，而是靠社会的榜样作用，是靠生活在趣味高雅的社会里”。[1] 因此，要充分调动一切社会力量，打造更优质的德育平台，让学生在更为广阔且充满美感的环境中发现美、感受美，并产生责任感和使命感。

智能手机时代，“以美触德”已经成为德育改革的新方法和新手段，具有无限的发展空间和价值，以手机为终端的“以美育德，以德育人”的研究和实践工作是对现代德育内容与形式的探索与补充，要想开展好并提高手机德育实效，还需要广大德育工作者、研究者携起手来，共同努力！

[1] 周伟业，滕守尧．网络美育：艺术教育的媒介视角［M］．南京：南京出版社，2009：184.

# 第七章
# 大学生手机依赖与移动美育

# 第七章
# 大学生手机依赖与移动美育

## 第一节 大学生“手机恋”现状调查与对策分析

爱情是人类亘古永恒的主题，也是自古便不断被歌颂的一种美好情愫。然而，自20世纪90年代互联网进入人们的日常生活以来，古典式的爱情便逐渐走向了终结。如今，熟练掌握各种网聊工具、精通各种手机App社交软件、及时更新和维护精心装饰的个人空间已成为五花八门的“恋爱技巧”的“必杀技”。这种前所未有的“爱情技术学”不仅被当代大学生津津乐道，而且在大学生身上表现得最为显著。此时，“网恋”已经进入一个崭新的时代——“手机恋”时代。

### 一、“手机恋”问题的提出

据CNNIC（中国互联网络信息中心）发布的第46次《中国互联网络发展状况统计报告》，截至2020年6月，我国手机网民规模为9.40亿人，比2020年3月增加了3625万人，网民中使用手机上网的比率为99.2%。[1] 随着智能手机等移动终端的快速普及和无线网络技术的不断改造升级，移动互联网在我国快速发

[1] 中国互联网络信息中心（CNNIC）.第46次《中国互联网络发展状况统计报告》[EB/OL].http://www.cnnic.net.cn/hlwfzyj/hlwxzbg/hlwtjbg/202009/t20200929_71257.htm.

展，让我们切实感受到从“人随网走”到“网随人走”的重大变化。互联网无时不在、无处不在，并深刻影响和改变着我们的生活、学习和工作。

随着手机移动应用的拓展和深入，“智能移动终端+App”的移动新媒体生活模式迅速得到推广和普及，基于社交应用的手机 App 如微信、微博等发展迅猛。截至 2020 年 9 月，微信总体活跃账户数达到 10.82 亿。[1] 目前 4G、5G 网络在大学生群体中的使用率越来越高，各种手机 App 已经渗透大学生日常行为和生活的方方面面，高速的网页浏览、高清晰度的图片和视频传播、及时的情绪和生活记录、极致完美的虚拟形象包装等，这些新技术的运用无时无刻不在深刻影响和改变着当代大学生的恋爱心理和行为方式。在开放的网络环境下，他们会通过浏览各种网站寻找自己感兴趣的情感信息，也会使用手机 App 随时随地接收和了解异性发布的动态消息，还会通过更新个性签名、加好友、发布信息、互动评论等方式来引发对方关注，这些相对于传统爱情的表达方式来说，都是一种不可思议的颠覆。这些已经脱离传统婚恋轨道的现代爱情究竟会走向何方，对于当代大学生来说，“现代爱情”是否可期呢？“移动互联网+手机”将现代爱情推进到一个“手机恋”的崭新阶段，这个阶段不仅是“网恋”的延续，而且是基于手机媒体特性的进一步发展。“手机恋”基于 QQ、微信、微博等手机 App，这些软件几乎都是零门槛注册，以便最大限度地吸纳受众群体。每一个注册用户都会获得一个虚拟身份，这个身份从年龄到性别、从长相到学历都可以按照用户的意图和需要进行任意改造（即便是实名制注册也不例外）。在身份之外，用户可以充实自己的个性空间资料，照片、截图、视频、签名、文字记录等信息可以被任意修改、拼贴、复制或美化，这一切都为用户个性化设计出完美效果服务。于是，各种网络空间中，帅哥、美女、“多情公子”“富二代”等形象令人眼花缭乱。更重要的是，附着于手机媒体之上的移动互联网由于具有无线性、可移动性的特点，具有一种先天的“黏性”特质，可与用户寸步不离，大大增强了影响力。

如今的手机 App 大多有强大的基于地理位置服务的搜索功能，甚至只需摇一

[1] 2020 微信用户数据报告［RB/OL］. http://www.whysw88.com.

摇就可以搜到身边异性朋友的信息并加为好友，这种便捷的功能极大地提高了两性的接触概率，扩展了接触范围，为爱情的发生和裂变提供了充分条件。从两性的接触率、接触范围到互动交往，再到建立虚拟家庭，以至发展成现实中的男女朋友关系，手机 App 对当代大学生情感表达方式的改变起到了推波助澜的重要作用。当代大学生的恋爱活动从发生到发展，再到结束，各个环节无不被手机 App 深深渗透和改造。相较于传统的爱情，“现代爱情”在各种技术力量的作用下已经变得面目全非。

基于技术的大学生“手机恋”并非完全不值得称道，网络技术为爱情的发生和发展都提供了良好的技术支撑，爱情变得快捷和简便，双方可以通过网络即时交流沟通，距离障碍被打破，误会减少，感情关系的维持也能得到充分的保障。但是，在技术工具手机的强烈冲击下，当代大学生的爱情生活变得日渐虚拟化、庸俗化、功利化、快餐化和享乐化，爱情不再有传统意义上的“厚重深沉”，而是变得日益“轻薄短小”，因此，现代校园爱情故事往往陷入悲剧、闹剧、荒诞剧的重重纠葛之中。

## 二、移动互联网时代手机对大学生爱情观影响因素调查分析

移动互联时代，手机在给大学生的恋爱带来极大方便的同时，也使他们的爱情日益朝着轻、薄、短、小、平、快的方向发展，传统意义上忠贞不渝、从一而终的爱情模式逐渐被打破和颠覆，爱情的本真面目已变得模糊不清。那么，“手机恋”究竟给大学生的爱情观带来了怎样的影响呢？它们包含多少种影响因素？这些因素又是如何产生作用的呢？笔者将从一个结构化的访谈开始，提炼影响大学生爱情活动的主要因素，然后采用问卷调查的方式来探究各种影响因素的具体效度，并进一步确定不同群体在影响效度方面的差异。

### （一）“手机恋”对大学生爱情观影响因素的深度访谈

1. 访谈目的

通过深度访谈关注移动互联时代，手机 App 对大学生爱情观的影响，提炼主要的影响因素，为下文的展开提供依据。

2. 访谈步骤

首先，设计访谈问卷。访谈问题的设计以手机 App 对大学生爱情活动的影响为中心，追问究竟哪些因素造成大学生爱情日渐不堪的现状。其次，选择并确定访谈对象，访谈对象类型分别为普通本科、三本和高职院校的大一到大四学生。再次，组织访谈并记录结果，由研究的主要参与者来组织并记录。最后，分析并提炼结果。

3. 访谈问题设计

（1）你心目中理想的爱情是什么样的？

（2）在网上你会被异性的哪些特质吸引？你又会通过哪些方式去吸引异性？

（3）你如何看待在网上跟异性打交道？你觉得在网上与异性交往是否有一种不安全感，为什么？

（4）你身边有没有在网上寻找恋爱对象或者性伴侣的现象？你能否接受这种现象？你觉得哪些手机社交 App 为这种现象提供了方便？

（5）你认为手机文化的内容是怎样的？它对你的爱情观是否有影响？手机社交 App 给你的情感生活带来了哪些影响？

4. 访谈内容记录（略）

5. 访谈记录提炼（见表 7-1）

表 7-1 访谈记录及影响因素

| 访谈内容整理 | 影响因素 |
| --- | --- |
| 1. 网上能吸引我的仿佛都具有美丽的外表、完美的身材<br>2. 可以从网上的信息判断对方是有信任感、可以共同面对困难的伴侣<br>3. 在网上对方是光彩亮丽的，我被深深吸引<br>4. 我喜欢网上的他/她胜过生活中<br>5. 我总是被虚拟空间中的装饰和营造出来的感觉所吸引<br>6. 我经常随时更新空间，尽量美化自己<br>7. 我经常制造话题、夸大事件以吸引群关注<br>8. 我经常在网上有意表现自己的文化修养<br>9. QQ 空间、人人网、微博等软件的装扮是否有特色是引起我的好奇心的重要原因 | 网络虚拟化存在方式带来个体和对象的理想化 |

续表

| 访谈内容整理 | 影响因素 |
| --- | --- |
| 1. 网络可以同时与各种各样的人交流，甚至想同时与几个人表白<br>2. 网络中我可以最大限度地发泄，在生活中却不能<br>3. 网上更加直接，直接说出自己的交往目的<br>4. 网上交流会减少很多尴尬<br>5. 网上交流自觉不自觉带着一种求财、求“一夜情”等目的<br>6. 网络上虽然有很多东西的真实性有待考究，但并不妨碍我交往<br>7. 有些人在现实生活中也未必能了解得真实和全面<br>8. 现实中顾忌的因素多一些，不如网上自由 | 网络交往改变了传统交往方式 |
| 1. 我承认网上更加反伦理、反道德<br>2. 网络交往潜意识里更渴求“一夜情”<br>3. 网络信息太复杂，没有法律的管理，网上监管不完善都是事实<br>4. 网上交往可以不负责任，自由度大，传统道德约束力很小<br>5. 周围同学在网上谈朋友，整个过程节奏很快，恋爱、同居、分手，历时很短 | 网络伦理对现实伦理带来巨大冲击 |
| 1. 网上充斥着颠覆传统、性观念开放、爱情行为公开的言论和报道<br>2. 网上的恋爱过程表现出一种快速化和游戏化的特点<br>3. 网上的爱情更喜欢追求感官生理刺激和欲望的满足<br>4. 庸俗的东西更能引起上网者的兴趣，他们会主动去寻找这些东西，然后去传播<br>5. 上网者对性方面的话题更加有兴趣，比如他们会想办法去施行这样的行为 | 手机文化的引导和长期作用 |
| 1. 每天接触大量媒体，成为获取知识的重要渠道<br>2. 恋爱晒到网上，希望得到大家的羡慕和围观<br>3. 把媒体世界当作真实世界去对待<br>4. 对对方的判断可以从网上寻求依据和支持<br>5. 情感依附于网络媒体，存在“线上热烈、线下冷淡”的现象 | 媒介化生存环境下感情观念和行为方式的变化 |
| 1. 网络民主促进社会的进步包括爱情<br>2. 网络经验是网上爱情成功的关键因素<br>3. 爱情与网络无关，它是个人品质和才能的问题 | 其他 |

6. 结论

以上提炼的访谈内容说明手机文化、媒介化生存环境、虚拟化存在、网络交往方式和网络伦理等各个因素不同程度地制约和影响着当代大学生的爱情观。大学生群体得益于移动网络技术尤其是各种手机 App 的便捷，并深受手机文化和媒介社会的影响，他们的爱情生活也因此呈现出与传统模式迥然不同的特质。

### （二）大学生“手机恋”爱情观影响因素的效度分析

我们采用问卷调查的方式来探究各种影响因素具体的效度，并进一步确定不同群体在影响效度方面的具体差异。问卷设计及步骤如下。

1. 调查目的

基于手机 App 的应用，分析影响大学生爱情观的各种主要因素的效度差异，找出主要影响因素；比较各种条件下影响因素所产生效果的具体差异。

2. 问卷编制

在结构式访谈内容提炼及结果分析的基础上，结合相关理论进行问卷编制，问卷分析采用李克特五级评分标准的形式。

3. 研究工具

采用 spss17.0 软件包对数据进行统计分析。

4. 研究调查对象抽样

本次调查共发放问卷 600 份，回收有效问卷 584 份，回收有效问卷率约为 97.3%。详情如表 7-2 所示。

**表 7-2 大学生“手机恋”爱情观影响效度调查问卷样本构成情况**

| 变量 | 类别 | 个案数 | 百分比（%） |
|---|---|---|---|
| 性别构成 | 女 | 319 | 54.6 |
| | 男 | 265 | 45.4 |
| 年级构成 | 大一 | 233 | 39.9 |
| | 大二 | 185 | 31.7 |
| | 大三 | 113 | 19.3 |
| | 大四 | 53 | 9.1 |
| 学科构成 | 文科 | 300 | 51.4 |
| | 理科 | 284 | 48.6 |
| 学校构成 | 高职 | 185 | 31.7 |
| | 三本 | 168 | 28.8 |
| | 普通本科 | 231 | 39.5 |

5. 结果分析

我们首先分析了手机 App 的应用情况与大学生爱情活动之间的变化关系，为以下五种因素的分析奠定了基础。

结果 1：大学生“手机恋”爱情观五种影响因素的效度分析（见表 7-3）。

表 7-3　五种影响因素的效度分析

| 项目 | 手机文化 | 媒介化生存环境 | 虚拟化存在方式 | 网络交往 | 网络伦理 | 总分 |
|---|---|---|---|---|---|---|
| 均值（M） | 2.30 | 2.78 | 2.92 | 2.52 | 205 | 2.52 |
| 标准差（SD） | 0.68 | 0.55 | 0.618 | 0.591 | 0.788 | 0.469 |

由表 7-3 可知，各种影响因素都具有一定的影响效度，且各种效度之间比较均衡，这就进一步证明了通过结构化访谈所得出的各种影响因素都存在且都产生了作用与影响。同时，各种影响因素又具有一定的差异性，主要表现在“虚拟化存在方式”和“网络交往”两个方面。这说明“虚拟化存在方式”和“网络交往”对大学生爱情观影响效度比较大，相应地，我们在对策分析中将对这两点投入更多的关注。

结果 2：五种影响因素对各种人口学变量的具体影响差异。

各种影响因素除了相互之间有具体的影响差异外，针对不同的群体也表现出不同的差异。因此，我们还进一步调查了性别、年级、文理科和学校类型四方面具体的影响差异。

（1）性别差异（见表 7-4）。

表 7-4　五种影响因素的性别差异

| 影响因素 | 男 | 女 | *T* 值 |
|---|---|---|---|
| 庸俗化 | 2.082 | 2.555 | -8.784** |
| 生活方式 | 2.814 | 2.757 | -1.239 |
| 虚拟化与理想化 | 2.957 | 2.895 | -1.214 |

续表

| 影响因素 | 男 | 女 | $T$值 |
|---|---|---|---|
| 交往差异 | 2.652 | 2.414 | −4.923** |
| 伦理差异 | 1.766 | 2.388 | −10.156** |
| 总分 | 2.677 | 2.398 | −7.492** |

注：*表示 $p<0.05$；**表示 $p<0.01$，下同。

由表7-4可知，经独立样本 $T$ 检验，在总分、庸俗化、交往差异和伦理差异上的得分均有极其显著的性别差异。

（2）年级差异（见表7-5）。

**表7-5　五种影响因素的年级差异**

| 影响因素 | 大一 | 大二 | 大三 | 大四 | $F$值 |
|---|---|---|---|---|---|
| 庸俗化 | 2.2369 | 2.2227 | 2.4938 | 2.4000 | 980* |
| 生活方式 | 2.7432 | 2.7685 | 2.9027 | 2.7516 | 291* |
| 虚拟化与理想化 | 2.8738 | 2.8908 | 3.1133 | 2.8453 | 598* |
| 交往差异 | 2.4685 | 2.4667 | 2.6799 | 2.6132 | 358* |
| 伦理差异 | 1.9073 | 1.9968 | 2.3575 | 2.1887 | 516** |
| 总分 | 2.4578 | 2.4801 | 2.7155 | 2.5688 | 858* |

由表7-5可知，经方差 $F$ 检验，在总分以及各个维度上的得分均存在显著的年级差异。其中，大三高于其他三个年级，且显著高于大一和大二，与大四的差异没有达到显著水平。其他年级之间差异不显著。

（3）文理科差异（见表7-6）。

**表7-6　五种影响因素的文理科差异**

| 影响因素 | 文科 | 理科 | $T$值 |
|---|---|---|---|
| 庸俗化 | 2.2467 | 2.3500 | −1.835 |
| 生活方式 | 2.8139 | 2.7500 | 1.400 |
| 虚拟化与理想化 | 2.9407 | 2.9042 | 0.712 |

续表

| 影响因素 | 文科 | 理科 | $T$值 |
| --- | --- | --- | --- |
| 交往差异 | 2.5039 | 2.5411 | -0.759 |
| 伦理差异 | 1.9747 | 2.1261 | -2.330* |
| 总分 | 2.5080 | 2.5425 | -0.887 |

由表 7-6 可知，经独立样本 $T$ 检验发现，仅在“伦理差异”一个维度上存在显著的专业差异，其中理科显著高于文科（$p<0.05$）。

（4）学校类型差异（见表 7-7）。

**表 7-7　五种影响因素的学校类型差异**

| 影响因素 | 高职 | 三本 | 普通本科 | $F$值 |
| --- | --- | --- | --- | --- |
| 庸俗化 | 2.1892 | 2.3214 | 2.3654 | 3.616* |
| 生活方式 | 2.8225 | 2.7103 | 2.8038 | 2.104 |
| 虚拟化与理想化 | 2.9254 | 2.9155 | 2.9264 | 0.017 |
| 交往差异 | 2.4459 | 2.5526 | 2.5606 | 2.257 |
| 伦理差异 | 1.8616 | 2.1679 | 2.1108 | 8.047* |
| 总分 | 2.4627 | 2.5408 | 2.5629 | 2.493 |

由表 7-7 可知，经方差 $F$ 检验发现，在庸俗化和伦理差异上存在显著的学校类型差异（$p<0.05$），其余差异不显著。其中在庸俗化维度上，高职显著低于普通本科（$p<0.05$），在伦理差异维度上的得分存在显著差异，三本极其显著高于高职（$p<0.01$）、显著高于普通本科（$p<0.05$），其余差异不显著。

在手机上网时间、手机 App 使用频率等方面也做了与五种影响因素之间关系的调查。

结果 3：在手机使用情况上五种影响因素的具体差异。

（1）手机上网总时间。如图 7-1 所示。

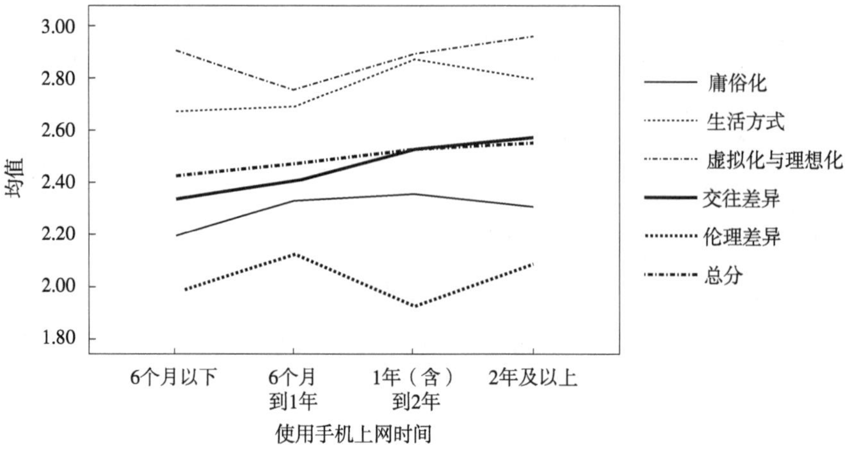


图 7-1　使用手机上网总时间示意

经方差 F 检验，在“交往差异”维度上，不同上网时间存在显著差异（$F=2.899$，$p<0.05$），这个维度上呈现出上网时间越长交往差异越大的趋势。

根据图 7-1 中曲线的呈现状态，在网络交往差异维度上，上网时间越长、差异就越大；在总分上也呈现出上网时间越长、差异越大的趋势。这说明，网络交往与上网时间呈正比。也就是说，手机上网时间越长越容易对大学生的爱情交往方式产生影响，但这只是相对其他四种因素而言。

（2）每天手机上网时间。每天手机上网时间如图 7-2 所示。

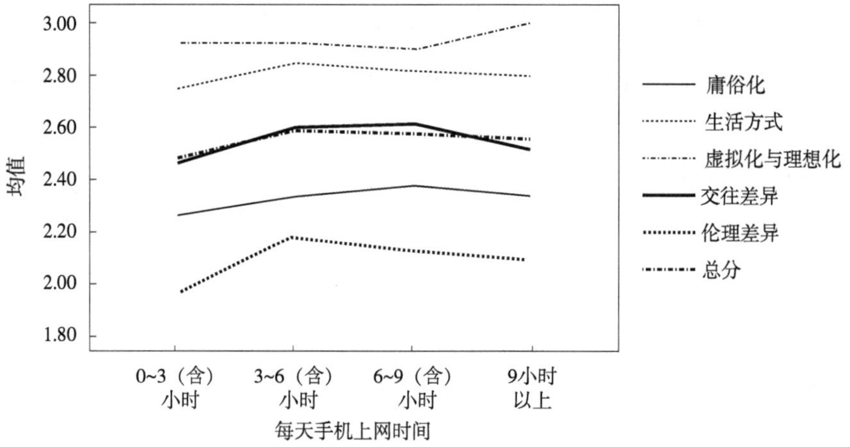


图 7-2　每天手机上网时间示意

经方差 $F$ 检验，“伦理差异”维度上，在不同的“每天手机上网时间”上差异显著（$F=3.165$，$p<0.5$）。根据图 7-2 中曲线的呈现状态，虚拟化与理想化维度在每天手机上网时间 9 小时及以上上升趋势明显；庸俗化维度在每天手机上网时间 9 小时达到峰值，然后开始下降；生活方式维度和总分都是在每天手机上网时间 6 小时达到峰值，然后开始下降。

这说明，在短时间内，网络伦理与上网时间长度成正比，而且每天保持长时间（9 小时及以上）网络虚拟性的存在方式，将带来爱情理想的虚拟对象化，也就是说，更倾向于在虚拟世界寻找和发现自己的理想对象。手机文化的庸俗化在短时间内的影响是有一定限度的，这充分说明了现实伦理对网络伦理的制约作用，媒介化生存环境对个体的影响也是如此。

结果 4：使用手机 App 频率与五种影响因素的变化。

不同的使用手机 App 频率与各影响因素的关系如图 7-3 所示，除“伦理差异”外，各维度都表现出随使用手机 App 频率上升而上升的趋势。

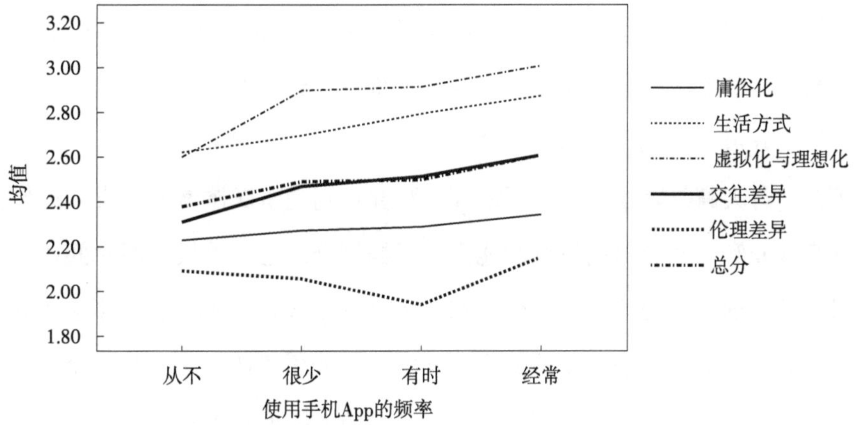


**图 7-3　使用手机 App 频率与五种影响因素关系示意**

经检验，生活方式（$F=4.167$，$p<0.01$）、虚拟化与理想化（$F=4.450$，$p<0.01$）、交往差异（$F=3.279$，$p<0.05$）以及总分（$F=3.786$，$p<0.05$）在手机 App 使用频率不同水平上的差异显著。

根据图7-3中曲线的呈现状态，随着手机App使用频率的上升，除“伦理差异”维度外，各维度都呈现出上升趋势。这说明除网络伦理以外，各种影响因素都与手机App的使用频率呈正比。结合上述分析，网络伦理深受现实伦理的制约，这说明传统观念在当代大学生爱情世界里依然有强大的约束力。

## 三、缓解大学生“手机恋爱”的对策分析

根据以上问卷调查的结果并结合相关理论，我们认为可以综合采取以下策略和措施来应对手机技术冲击下当代大学生的爱情危机。

第一，帮助大学生群体深刻认识手机技术背景下的爱情特点和实质，加强对大学生爱情观的正确引导。不断提高大学生对爱情崇高感、神圣感的认识，引导其将爱情作为人生最美丽的花朵，将爱情与生理的刺激和需求区分开来，最大限度减少手机文化庸俗化和感官刺激化内容的影响，合理引导其正确看待网络交往及网络伦理与现实交往、现实伦理的差异。马克思曾经指出：“在恋爱中，过分亲昵的粗野方式，超越阶段的非礼行为，都是缺乏道德情操的表现。只有使理性与爱的情感真正融合一体时，才能奏出优美动听的爱情乐曲。”[1] 手机对大学生爱情观与行为的负面影响在大学三年级这个阶段达到顶点，高校应该有针对性地对大三学生开展人生观、爱情观教育。

第二，各大高等院校应广泛开展媒介素养特别是新媒体素养培育，以增强大学生理解媒介和判断、甄别信息的能力。根据调查结论，手机上网时间越长，越容易对大学生的爱情交往方式产生影响，手机App使用频率也与各影响因素间存在正比例关系。随着移动互联网的飞速发展，智能手机改变了现代生活，App成为最受欢迎的移动数据业务，其对大学生爱情观的颠覆性影响已引起越来越多人的关注。开放式的信息生产、交换、消费模式容易带来信息内容的泛滥，未加鉴别的意见交织容易造成无意义的喧哗，缺乏自律的用户群体容易造成网络“哄客”和“水军”横行的后果，给大学生的爱情观和行为带来更为严峻的挑战。

[1] 马克思，恩格斯. 马克思恩格斯全集：第21卷［M］. 北京：人民出版社，1965：259.

如今，新媒体已经从一种技术转化为一种素养——新媒体素养，正如上文所指出的，迅速发展的微博、微信、QQ 等新媒体深刻影响着大学生的生活、学习和沟通方式，甚至手机已成为一些大学生生活的轴心，鉴于这种情形，迫切需要对当代大学生进行包括信息的选择能力、理解能力、质疑能力、评估能力、创造和生产能力以及思辨能力等在内的综合能力的培训和教育，使他们看清手机技术的本质及其必然带来的不良效应。

第三，努力为大学生量身打造适合他们生活品位和文化趣味的手机信息产品。美国学者斯坦博克认为："过去，技术的发展驱动移动的发展。随着渗透率的提高，使用变成了动力。将来，移动的内容将成为发展的动力。"❶ 21 世纪最具前途的产业就是文化产业和信息产业，把这两者有效结合起来是时代的需求，也是社会发展的内在要求，它们将在大学生群体中得到最好的呈现并产生广泛的效应。前文已经指明，当代大学生之所以会陷入爱情误区，与信息技术和其携带的不良文化内容有直接的关系，从这两个方面入手开发具有针对性的移动网络和手机 App 等手机文化产品，平衡技术、物质的奇迹和人性、精神的需要，让媒介工具为正确的爱情观和世界观的传播服务，有效抵制手机文化的负面影响。

第四，智能手机时代构筑新时期大学生性道德规范和原则的迫切性。根据调查，网络伦理仍然深受现实伦理的制约，传统观念在当代大学生爱情观中依然有巨大的约束力。确立智能手机时代新型的大学生性道德规范，既有利于大学生性行为的自我控制和自我约束，又有利于他们的身心全面健康发展。应该坚持在大学生中开展传统文化与道德修养教育，使其在两性关系中树立自愿原则、"无伤"原则、爱的原则和婚姻缔约的原则，增强性教育的针对性和实效性。随着目前各高校校园 App 公众平台的相继建立和开通，因地制宜、有针对性地开发性教育软件，以健康的性教育来抵制不良性信息泛滥，引导学生树立正确的性价值观已成时代的迫切要求。

---

❶ 丹·斯坦博克. 移动革命［M］. 岳蕾，周兆鑫，译. 北京：电子工业出版社，2006.

第五，加强政策法规对移动互联网和手机 App 应用软件的监管。社会在发展，科技在进步，针对互联网的法律法规也要与时俱进。针对移动互联网制定严格的规章制度，确保我国移动互联网持续、健康、快速地发展。软件开发商所研发的手机 App 应当经过相关部门的审批许可，确保应用程序为“绿色软件”。政府还应设立举报机制，在内容提供、网络分发和终端接入环节部署监管力量，争取全社会的监督与支持。

目前，在一定程度上现代手机文化不仅改变了大学生的爱情观，而且对社会伦理和制度规范都提出了严峻的挑战。当然，从历史主义的角度来看，作为一种新事物、新现象，其具有一定的合理成分，但是从整个社会现实来看，作为未来社会精英的大学生群体的爱情观日益呈现出快餐化、庸俗化、功利化的趋势，对整个社会的文化、习俗和道德规范都会带来严重的负面影响；因此，本研究对这样的爱情观念和行为模式持一种审慎的批判态度。笔者认为，以大学生群体为典型代表的现代爱情既是现代技术条件作用于人类心理和实践的结果，也是具体社会历史环境的产物，整个社会的文化、道德、科技、政治及经济条件也都不同程度地参与并塑造了现代大学生的爱情形态，作为行为主体的大学生必须对自己的爱情实践产生清醒的认识，整个社会也应该担负起相应的责任。

## 第二节　大学生“手机控”现状调查与对策分析

“手机控”又称“手机综合征”“手机依赖症”等，是随着移动自媒体快速发展而出现的新的社会现象，指用户长时间沉湎于手机媒体的各种功能、内容、设备等软硬件的体验之中，并伴随一定程度的不可控、不可抗、不可自拔等的心理现象。“手机控”者具有手机情结，被戏称为“低头族”，在大学生中比例突出。由于手机媒体具有黏性、便携性等特点，对“手机控”者的学习、工作、生活、交往和健康等有着巨大困扰和危害。

网络是把“双刃剑”，手机正在成为一种小巧的特殊迷你型电脑，成为网络的延伸，[1] 大学生群体也开始广泛地使用手机。中国互联网中心发布的第46次《中国互联网络发展状况统计报告》显示，截至2020年6月，我国手机网民规模达9.40亿，在网民群体中，学生群体占比仍然最高，为21.2%。[2] 在为大学生的学习、社交、娱乐、购物等带来便利的同时，因手机的不规范、不恰当使用，很多大学生浪费了大量时间、遭到信息诈骗，有的还出现了严重的依赖甚至手机成瘾现象。对于心智尚不够成熟的大学生来说，一旦出现这些情况，将会对他们的生活、学习、人际交往、身心健康等带来负面影响。因此，对"手机控"在大学生群体中的现状做全面深入的调查研究，发现问题，并结合相关理论知识找出合理的解决办法，就显得尤为重要。

## 一、大学生"手机控"调查的路径与方法

以在读普通高校大学生手机使用情况为切入点，通过分析个人手机使用离散程度及所致因素，讨论当前大学生"手机控"的现状、存在问题和产生根源等，以引导大学生在手机使用、行为规范上做出理性的个人选择、个人行为，并呼吁政府、社会、学校关注大学生手机使用问题。研究采用自编的《大学生"手机控"调查问卷》，以分层抽样的方法开展调查研究。

### （一）问卷设计

以课题组前期自编的《大学生手机使用现状调查问卷》《大学生"手机恋"爱情观影响效度调查问卷》[3] 等为基础，结合文献研究，筛选与本研究相关的项目，形成初始问卷。以初始问卷的结构为提纲，对200名在校大学生开展抽样调查和深度访谈，对调查分析和访谈中发现的问题进行有针对性的修改后，形成了正式的《大学生"手机控"调查问卷》（见表7-8），问卷包括个人基本信息（7项）、手机使用基本情况（5项）、信息发送/接收情况（2项）、手机使用的影响

[1] 匡文波．手机媒体概论［M］．北京：中国人民大学出版社，2006.

[2] 中国互联网络信息中心（CNNIC）．第46次《中国互联网络发展状况统计报告》［EB/OL］．http://www.cnnic.net.cn/hlwfzyj/hlwxzbg/hlwtjbg/202009/t20200929_71257.htm.

[3] 张建，侯雨诗．大学生"手机恋"现状调查与对策分析［J］．重庆邮电大学学报：社会科学版，2016（2）.

(6 项)、对手机使用的看法（10 项）五个方面，共 30 个项目。

表 7–8 大学生“手机控”调查问卷

| 主题 | 题号 | 题项 |
|---|---|---|
| 个人基本信息 | 1 | 您的户籍__________ |
| | 2 | 您的性别__________ |
| | 3 | 您父亲的学历__________ |
| | 4 | 您母亲的学历__________ |
| | 5 | 您就读学校的层次__________ |
| | 6 | 您就读的年级__________ |
| | 7 | 您所学的专业__________ |
| 手机使用基本情况 | 8 | 当前您月平均手机使用费约多少元__________ |
| | 9 | 您一般通过什么方式获取信息__________ |
| | 10 | 您的上网频率__________ |
| | 11 | 您每天是否时常保持手机网络畅通、实时接收手机信息____ |
| | 12 | 您使用手机上网的主要目的是什么__________ |
| 信息发送/接收情况 | 13 | 根据自己日常使用手机发送信息的情况，对政治与信仰、经济与日常生活、休闲娱乐、文化知识、个人情感、美感与艺术进行排序__________ |
| | 14 | 根据自己日常使用手机接收信息的情况，对政治与信仰、经济与日常生活、休闲娱乐、文化知识、个人情感、美感与艺术进行排序__________ |
| 手机使用的影响 | 15 | 您使用手机网络最担心的问题是什么__________ |
| | 16 | 您觉得手机上网对您日常生活是否有改变__________ |
| | 17 | 您觉得手机上网对您日常行为是否有改变__________ |
| | 18 | 在使用手机网络后，您与家人的相处关系是否发生了变化__ |
| | 19 | 在使用手机网络后，您与朋友的相处关系是否发生了变化__ |
| | 20 | 您是否出现过因长时间上网而身心疲惫又不愿意放下手机的情况__________ |

续表

| 主题 | 题号 | 题项 |
|---|---|---|
| 对手机的使用看法 | 21 | 结交更多朋友__________ |
| | 22 | 促进信息畅通__________ |
| | 23 | 网上购物更方便__________ |
| | 24 | 容易干扰正常的学习、工作和生活__________ |
| | 25 | 容易结识不好的朋友__________ |
| | 26 | 容易暴露个人隐私__________ |
| | 27 | 容易导致色情和暴力信息泛滥__________ |
| | 28 | 会让人更加依赖手机__________ |
| | 29 | 会造成信用危机__________ |
| | 30 | 信息过多，加重学习、工作负担__________ |

### （二）调查施行

为充分了解大学生“手机控”现状，全面覆盖各类大学生群体，研究采取分层抽样调查的方式。本调查于 2014 年 10 月开始实施，在调研对象的选择上，主要根据国家发改委国土开发与地区经济研究所肖金成的划分，将我国大陆地区划分为八大经济体，[1] 按照八大经济体人口规模、高等学校分布等初步确立各区域拟选取的样本量。关于这样做的目的，其一是确保八大经济区样本量与人口量的比例适当；其二是确保 985/211 高校、普通高校和专科学校比较全面的覆盖；其三是确保调查对象所属学科专业的广泛性。共向所抽取的 59 所高校定向发放问卷 12000 份，收回 11243 份，有效问卷 9573 份，有效率为 85. 15%。针对有效问卷运用 Eviews 7. 0 计量经济学软件有关模型进行统计分析，计量研究对象的手机信息控制情况。

[1] 按照所属经济区域不同，根据国家发改委国土开发与地区经济研究所肖金成的划分，我们将我国大陆地区划分为八大经济体：泛东北区域经济体（包括黑龙江、吉林、辽宁）、泛渤海湾区域经济体（包括北京、天津、山东、河北、内蒙古、山西）、陕甘宁青区域经济体（包括陕西、甘肃、宁夏、青海）、中原区域经济体（包括河南、湖北、湖南）、泛长江三角洲区域经济体（包括上海、江苏、浙江、江西、安徽）、泛珠江三角洲区域经济体（包括广东、广西、福建、海南）、西南区域经济体（包括重庆、四川、云南、贵州）和西部生态经济区（包括西藏、新疆）。

### （三）研究对象

接受调查的大学生来自不同的家庭背景，其中城镇家庭子女调查问卷 6509 份，约占样本总量的 67. 99%；农村家庭子女调查问卷 3064 份，约占 32. 01%。

在院校选取上，本次调查涉及 985/211 院校 10 所，有效样本 1826 个，约占样本总量的 19. 07%；一本院校 23 所，有效样本 3914 个，约占 40. 89%；二本院校 13 所，有效样本 2056 个，约占 21. 48%；三本院校 7 所，有效样本 911 个，约占 10%；高职高专院校 6 所，有效样本 866 个，约占 9. 04%。

调查涉及的学科专业比较广泛，包括文学、医学、军事学、政治学、工学、农学、经济学、管理学等十多个专业，其构成比例如图 7-4 所示。

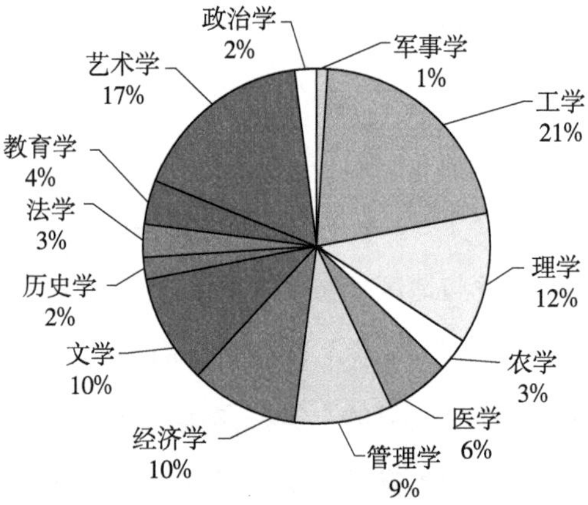


图 7-4　样本专业构成比例

## 二、大学生“手机控”带来的突出问题

“手机控”具体表现为手机媒体的“不当使用”问题，是指脱离正常规范的使用方式，超过正常使用限度并造成一定负面影响的手机媒体使用方法，尤其是过度使用，包括两个方面的内涵，一个是不当的手机媒体使用方式，比如走路、上课使用等；另一个是不当的手机信息内容偏好，比如乐于接收花边新闻甚至色情信息，喜欢转发不良信息等。事实证明，这两个方面在大学生群体中都有显著的表现。

### （一）过量上网影响了大学生的身心健康

从“手机”的字面意思看，其含义是“机”不离“手”，“手”不离“机”。从常理来看，“人”“手”和“机”毕竟有所不同，手是人的“有机”组成部分，而手机这种“身外之物”却不是。但在如今的大学校园里，这种理解好像是颠倒过来的。手机，这种手的附属物和伴随物，在很多大学生身上越来越内在化、组织化和有机化了，就像手是人体的一部分，手机也正在成为手的一部分。如果一个人丢失了手机，就像身体失去了一个重要的器官。[1]“手机控”的现象不仅表现在大学生的上网时长上，在其心理、情绪乃至身体层面都有显著反映。

1. 手机上网时间

调查显示，约 44% 的大学生每天使用手机上网时间在 8 小时以上，80% 的学生在 5 小时以上。（见图 7-5）

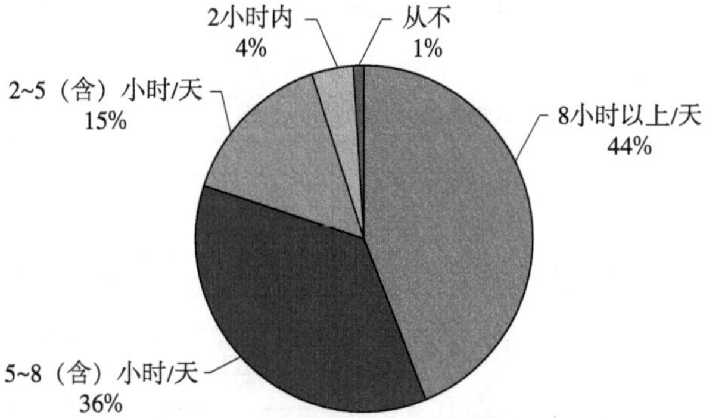


**图 7-5　大学生每天上网时间分布**

图 7-6 显示，当前大学生每天平均使用手机时间为近 7.3 个小时，这意味着除去正常的睡眠时间外，大学生每天约有 40.56% 的时间可能用来上网，约占可利用工作和学习时间（16 小时）的一半。这并不是说他们每天 7 个多小时都是在玩手机，但相对于花在书本、图书馆的时间，这个时长确实足够长了。图 7-6 还显示，不同年级的大学生每天使用手机时间略有不同，其中大一、大二的情况更为严重一些。

---

[1] 汪民安. 手机：身体与社会［J］. 文艺研究，2009（7）.

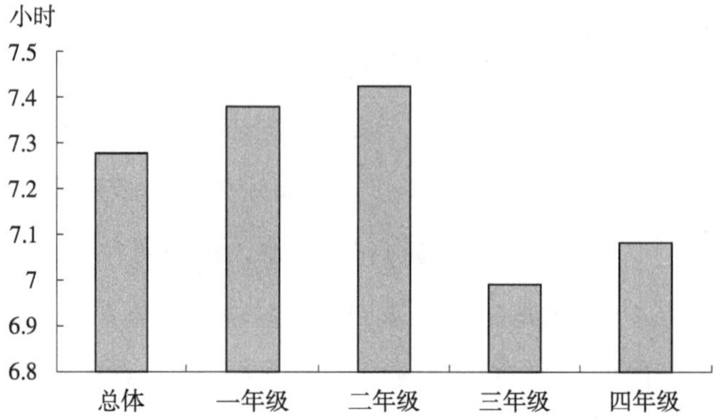


**图 7-6　大学生每天主动使用手机时间**

2. 不能上网时的心理反应

大学生手机上网时间如此之长，如果突然出现不能用手机上网的情况，他们会有什么心理反应呢？调查结果见图 7-7。

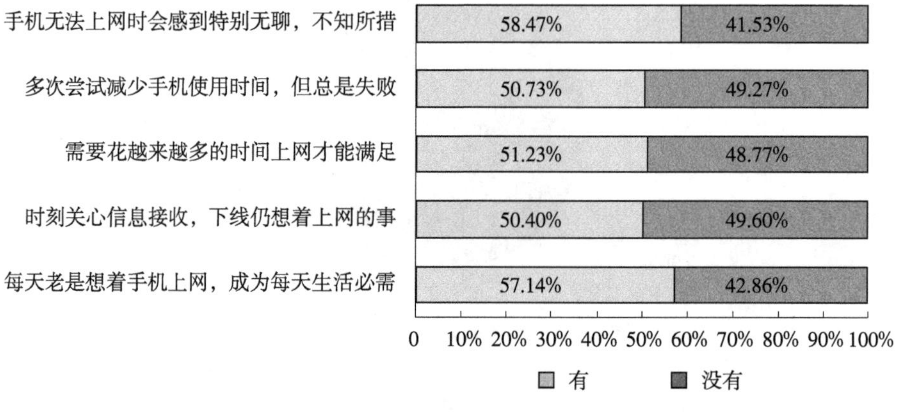


**图 7-7　大学生不能上网时的心理反应**

图 7-7 显示，有一半的大学生在无法上网时，会感到无聊、不知所措、缺乏满足感、无心做其他事情等反应。由图 7-8 可知，在没有手机网络时，44.39%的大学生会感到烦躁或者心神不定，会感到孤独的大学生高达 55.64%。不难想象，这样的情绪会对大学生的学习、生活和交往造成严重的影响。

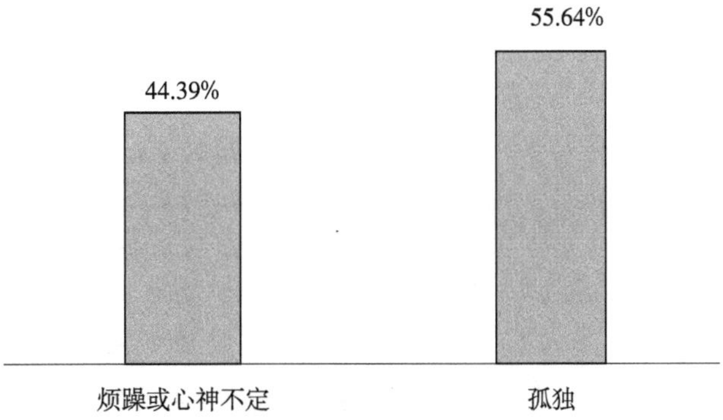


**图 7-8 大学生不能手机上网时的情绪感知**

3. 不能上网时的身体反应

手机不能上网不仅会影响大学生的心理和情绪，很多学生还会在身体上有显著的反应（见图 7-9）。

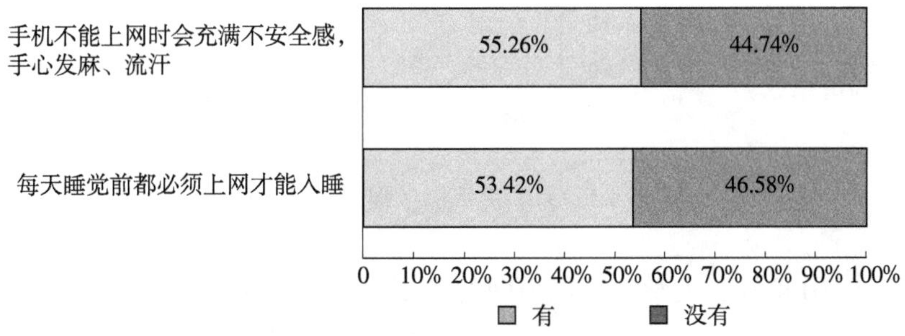


**图 7-9 大学生不能上网时的身体反应**

如图 7-9 显示，超过半数的大学生在没有手机上网时会出现手心发麻、流汗的情况，上网玩手机之后才能安然入睡的大学生占一半以上。

通过上述调查结果不难看出，大学生沉迷手机的情况已经非常普遍，有相当多的大学生从心理、情绪到身体对手机已经产生依赖，而那些长时间沉迷于手机，以致废寝忘食，一旦不能上网便深感焦虑、紧张、孤独、不知所措甚至手心出汗的大学生，实质上已经表现出“手机控”的典型症状。

### （二）上网目的和方式不当会对大学生的生活和学习产生影响

1. 手机上网的目的

大学生对于手机的依赖情况已经十分严重，那么他们究竟用手机在干什么？或者说究竟是什么让他们如此迷恋手机呢？（见图 7-10）

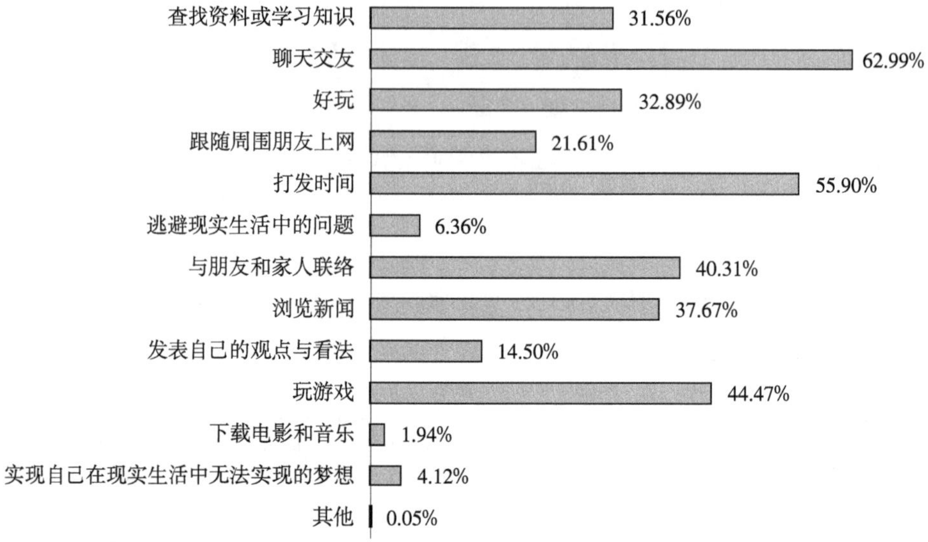


**图 7-10　大学生手机上网的主要目的**

由图 7-10 可知，大学生手机上网的主要目的多为聊天交友、打发时间和玩游戏，用手机查找资料或学习知识的并不多见，呈现出严重的娱乐化和世俗化趋势。

2. 手机上网的方式

探索了大学生手机上网的目的，进一步来说，他们对手机中的这些内容是如何阅读的呢？或者说他们是在何时何地阅读的呢？图 7-11 给出了解释。

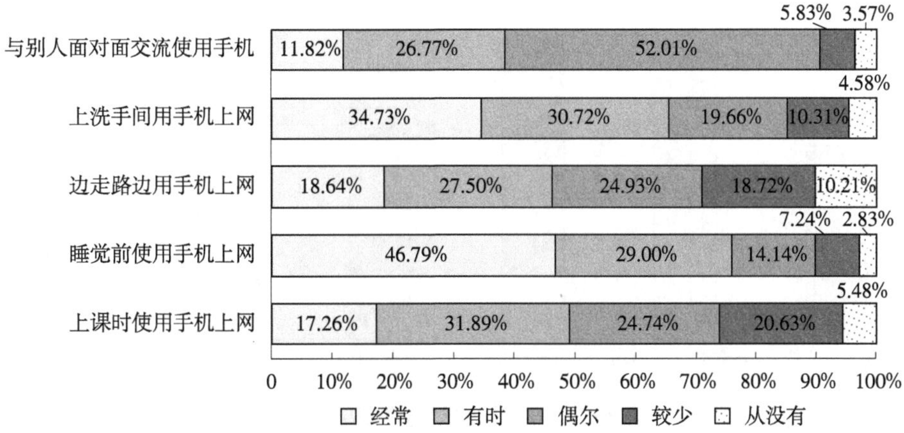


**图 7-11　大学生使用手机的方式**

图 7-11 显示，上课时使用手机上网，边走路边用手机上网，上洗手间用手机上网，睡觉前用手机上网，与人面对面交流时依然用手机上网，这些情况在大学生人群中表现得非常普遍。

**（三）上网获得的部分不良信息影响了大学生的个人素养**

随着移动自媒体的普及，以手机使用为代表的“拇指文化”正在悄然兴起，但新兴文化总是有好有坏，良莠不齐，有正能量也有负能量，大学生对这个问题也有相应的看法和态度。

1. 最受关注的信息内容

大学生长时间而且不分场合地沉迷于手机媒体，对手机中海量的信息内容自然是“各取所好”，但大学生最关注哪些内容呢？调查从信息接收和信息发送两个方面进行了对比（见图 7-12、图 7-13）。

调查从信息接收和发送两个方面进行了对比，结果显示，大学生手机日常信息的接收与发送权重排序基本是一致的，由高到低依次是：休闲娱乐、经济与日常生活、个人情感、文化知识、政治与信仰、美感与艺术。说明大学生手机信息传播内容更多集中在娱乐、消费和私人领域，缺乏深度，也缺乏社会关注意识，特别是政治与信仰、美感与艺术等与理想信念、审美趣味相关的信息不被大学生重视。

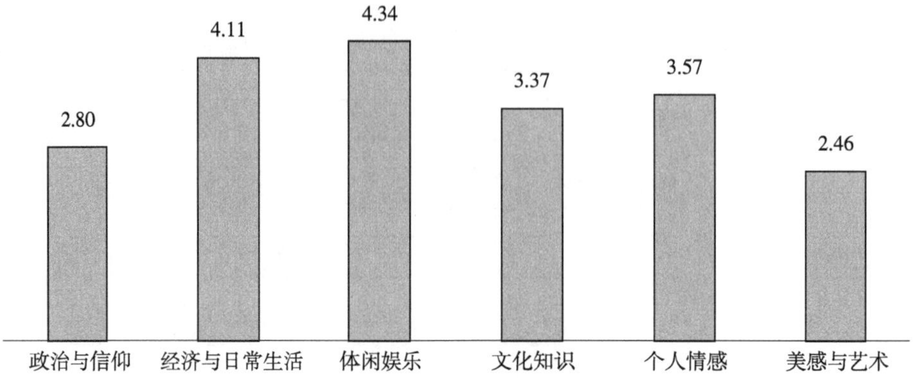


**图 7-12　大学生日常接收信息排序**

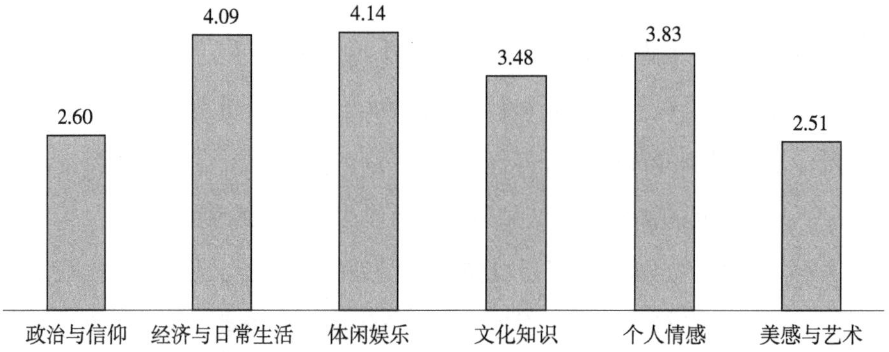


**图 7-13　大学生日常发送信息权重排序**

2. 对手机信息负能量的态度

大学生关注私人情感和休闲娱乐方面的信息，他们对于手机内容方面的负能量（即不良信息）又如何看待呢？（见图 7-14）

调查显示，大学生对手机负能量信息过度关注，但对其消极影响不够重视。大学生对手机负能量信息的态度令人担忧，比如他们对国外媒体关于某些事件的评价兴趣较浓，喜欢窥探别人的隐私，乐于转发不良信息，对于偏激言论的转发行为也比较认同。这些都说明，伴随着手机文化成长起来的新一代大学生价值观不够健全，在个人素养和家国意识方面还需大幅提高。正是在这样的土壤里，有些负能量信息经过大学生群体不但没有被恰当地屏蔽、过滤掉，反而获得了一定的生存和传播空间，甚至还频受关注，强化了传播效果。

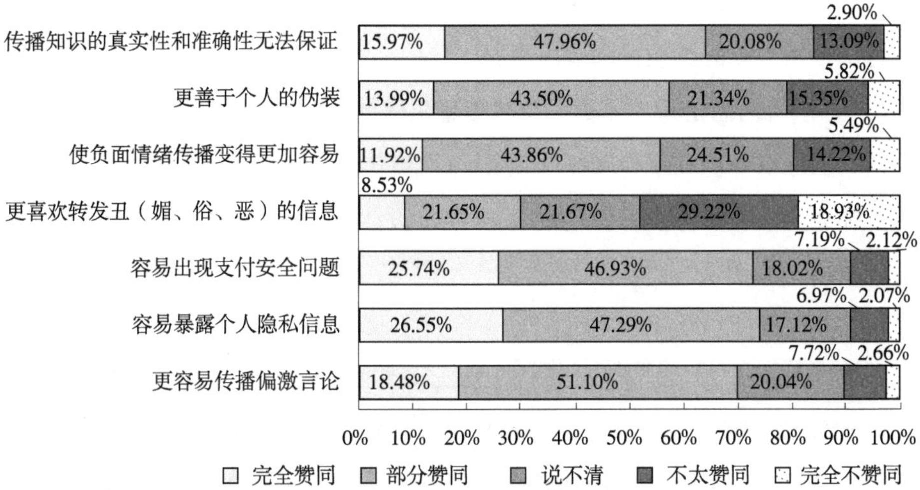


**图 7-14　大学生对负能量信息的态度**

通过本研究调查发现，首先，大学生群体中有相当一部分人沉迷于手机媒体，有些已经不能自制，甚至患上了不同程度的“手机依赖症”，校园里“低头族”并不罕见；其次，大学生手机上网的目的趋于娱乐化和世俗化，手机上网的不当使用甚至滥用情况比较严重；最后，大学生的价值观和人生观不够健全，对于手机信息的负能量方面很少有质疑和抵制，反而为这些信息留下了生存空间。

### 三、大学生“手机控”原因的调查分析

德国文化理论家弗里德里希·基特勒在《记录系统》一书中指出：“媒体形式的变化是人类文化变迁和发展的根本原因和基本动力。电子信息技术的完善和互联网的出现，带来人类文化形态的‘哥白尼式的转折’。”❶ 手机的交互性、即时性、广泛性、综合性、平民化、个性化等特性，使其深刻地改变着当代人的思维和行为方式。手机信息内容具有庸俗化、娱乐化、消费化、感官刺激化等特点；移动互联网传播则具有匿名性、开放性和超时空性等特点。二者交织在一

❶ 章国锋. 信息技术与德国“构成主义”学派的文化理论［A］//欧美文学论丛（第三辑）欧美文论研究. 北京：人民文学出版社，2003.

起，就为大学生迷恋手机媒体和其带来的海量信息提供了充分的外在条件。下面基于本研究调查结果探究造成这些问题和影响的原因和条件究竟是什么，以便为应对方法提供具体的突破口和解决思路。

**（一）手机信息辨识力不高，手机信息素养差，对信息监管态度模棱两可**

前文从外在环境和手机传播本身说明了当代大学生“手机控”易于产生的问题，那么大学生主体是否具有“手机控”发生的内在必然性呢？请看下面两组对比数据（见图 7-15）。

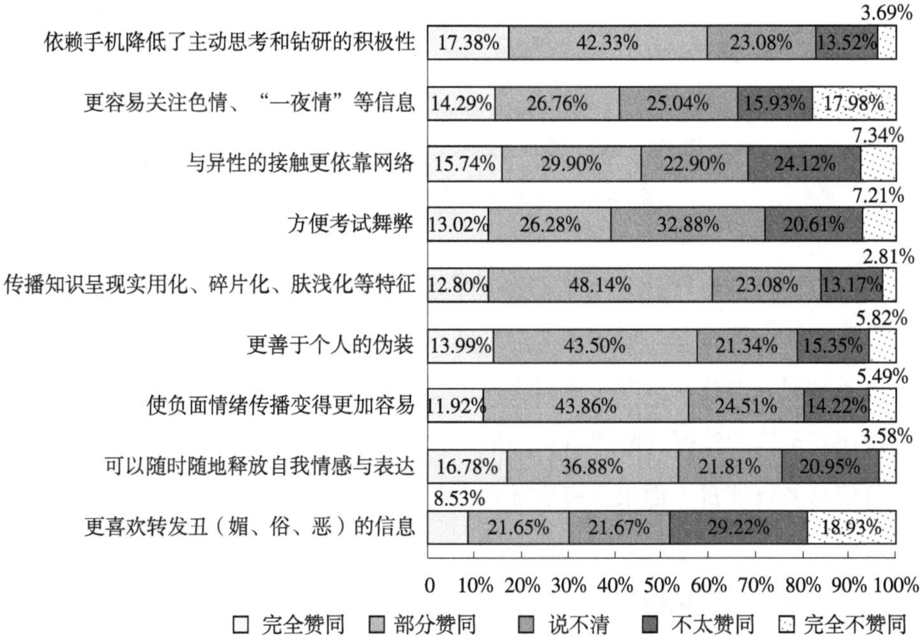


**图 7-15　大学生对部分负面手机信息的态度**

如图 7-15 显示，大学生对于手机媒体的部分负面信息辨识力不高，也没有意识到手机信息对于学习、生活的积极作用。这是过于专注手机的娱乐功能而没有合理利用其他信息资源的典型表现。比如，在降低主动思考的积极性、便于个人伪装、方便考试舞弊、随时随地释放个人情感等方面并没有给出太高的赞同度。反过来，他们对于部分正面信息的态度也印证了这一点（见图 7-16）。

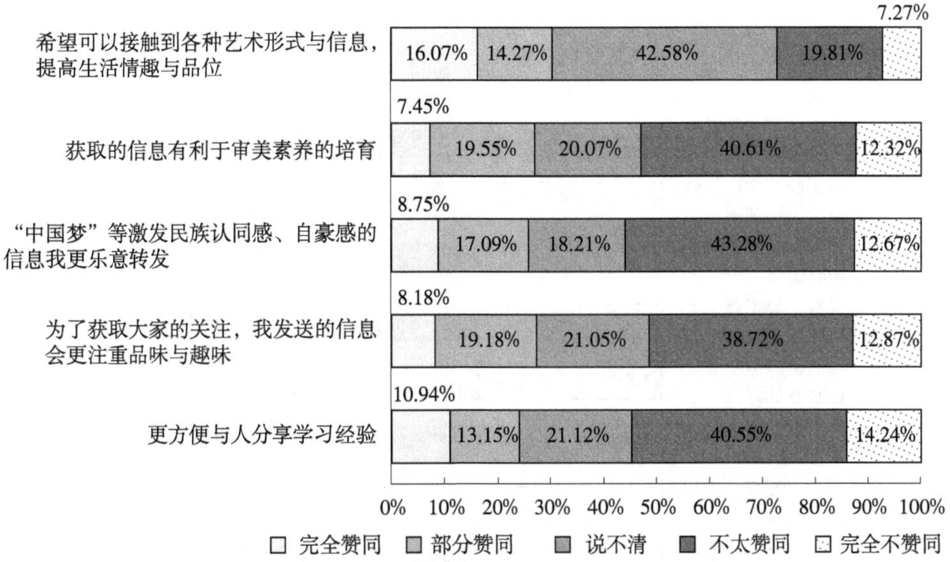


**图 7-16　大学生对部分手机正面信息的态度**

如图 7-16 显示，大学生在赞同和部分赞同手机信息更方便与人分享学习经验（约占 24.09%），希望可以接触到各种艺术形式与信息，提高生活情趣与品位（约占 30.34%），获取的信息有利于审美素养的培育（约占 27.00%）等问题上认同度不高，这是过于专注手机的娱乐功能而没有合理利用其他信息资源的典型表现。

所有这些都表明，大学生对手机信息的辨识力不高，手机信息素养比较差。但关于这一点，他们有没有自觉的意识呢？（见图 7-17）

由图 7-17 可知，大部分学生认为当前手机信息量过大，也赞同手机信息监管的重要性及监管缺乏的现状。大部分大学生（约占 76.55%）认为，当前手机信息量过大，而相关部门缺乏对手机信息的监管，对手机信息加强监管是有必要的，这说明他们能够从整体上感知到当前的信息环境状况。但在涉及自身对手机的使用、信息的接收、发送等传播途径上，大部分大学生还是处于一种迷茫甚至抵制的状态，比如，他们不希望父母过多地了解其手机使用情况（约占 77.66%），也不希望父母过多干涉其手机信息接收与发送（约占 73.53%），希望自己手机使用处于自我调控的状态，在信息传播教育、信息主动鉴别等方面，其态度更表现为“无所谓”“说不清”。

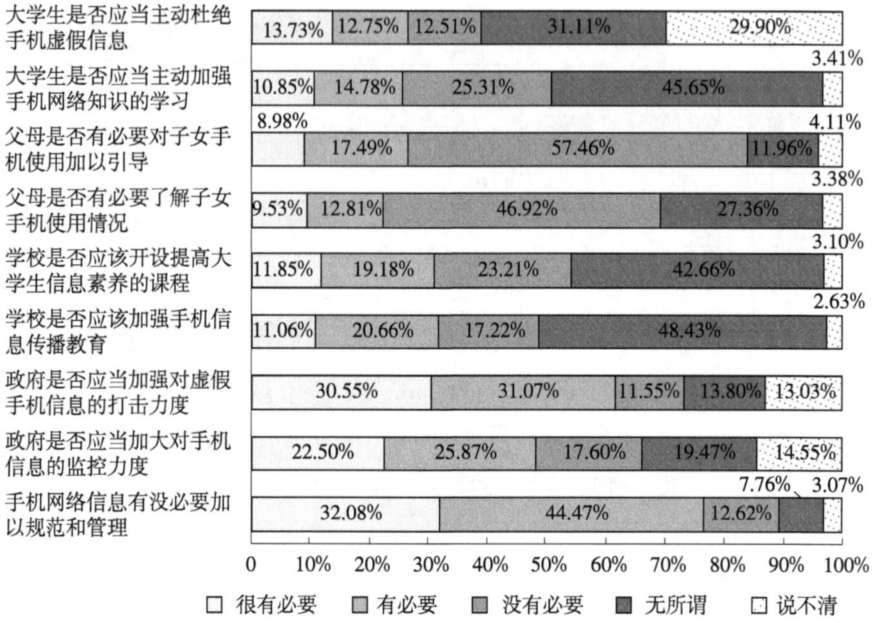


**图 7-17　大学生对手机信息规范的态度**

大学生一方面认为手机媒体中存在大量的不良信息，需要加强信息监管，另一方面又认为自己是独立的行为主体，对于手机信息的管控持不支持甚至反对的态度，不想让自己的手机使用过多地受到影响与干扰，如此模棱两可的矛盾心理在大学生群体中同时发生，但这应该比较符合他们的真实情况。

总之，信息辨识力不高且信息素养差的问题在大学生群体中普遍存在，同时他们希望自由使用手机、不愿被外界过多干涉和打扰的态度也非常容易落入不当使用手机媒体的陷阱中去。

### （二）缺乏主流价值观的规范引导作用

值得进一步追问的是，大学生为什么会出现上述的矛盾心理？或者说，他们有没有建立起有效抵抗不良信息的心理“防火墙”呢？也许图 7-18 能说明这个问题。

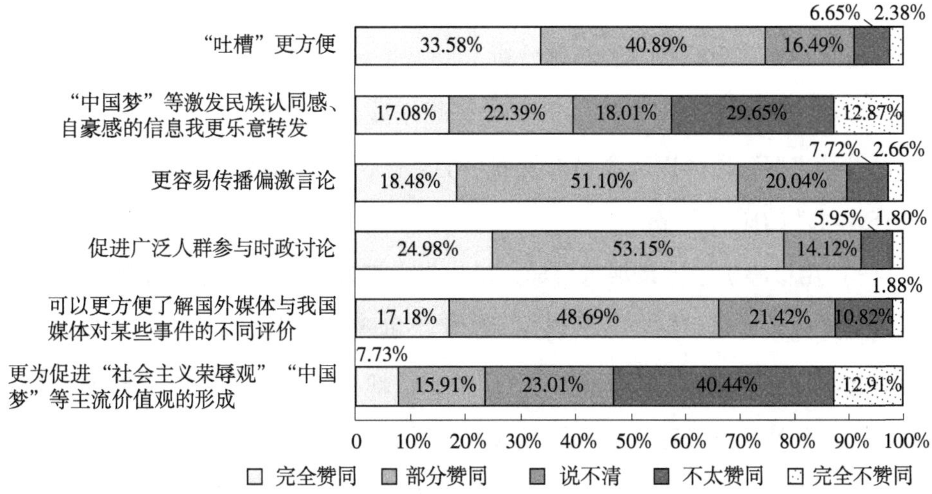


**图 7-18　大学生对部分主流价值观的认同度**

如图 7-18 显示，在接触到的手机信息中，仅有部分大学生认识到了手机信息对主流价值观形成和发展的影响，多数大学生对方便了解国外负面信息、更容易传播偏激言论认同度较高。具体表现为，仅有部分大学生（约占 23. 64%）赞同或部分赞同手机信息可以促进主流价值观的形成；赞同或部分赞同激发民族认同感、自豪感的信息更乐意转发的比例不高（约占 39. 47%）；而在方便了解国外媒体与我国媒体对某些事件的不同评价（约占 65. 87%），更容易传播偏激言论（约占 69. 58%）上认同度较高。这些数据说明，在大学生手机媒体的日常使用中，主流价值观并没有起到很好的规范和引导作用，相反，它们处于大学生观念意识的边缘，不足以抵抗负面信息潜入到他们的思想内部，导致大学生群体普遍出现"信仰真空"和价值观混乱的情况。这种情况的一个不可避免的后果就是：为不良信息留下了足够的存活空间，使它们在大学生群体中得到广泛传播，而这些信息大多是以迎合大学生受众的趣味而专门设计的，这又反过来进一步强化了大学生对不良信息的认同，如此形成恶性循环，对大学生的价值观和人生观发展产生了不良影响。

## 四、大学生“手机控”的对策分析

前文已经论述了大学生群体中“手机控”带来的突出问题及其影响，并初步探讨了其主客观原因以及容易发生的可能条件，接下来我们就可以初步提出一些具有针对性的应对方略。

### （一）用核心价值体系规范引导大学生树立正确的人生观与价值观

前文这些数据足以证明，当前在大学生手机网络的日常使用中，主流价值观并没有起到很好的规范和引导作用，相反，信仰真空和价值观混乱现象比较突出，在这样的情况下负面信息和影响很容易乘虚而入。

在手机媒体深度介入大学生日常生活的大背景下，高等院校必须响应新形势的要求，开展移动互联网时代高校思想政治教育路径的创新研究与探索，进一步丰富与完善大学生思想政治教育的手段与方法，提高大学生的思想觉悟和认识水平，提高其自身的主动意识和辨别是非的能力以及自控能力等，引导他们培养社会主义核心价值观、树立社会主义荣辱观，从深层次上影响他们的思想意识和行为方式，促使他们形成正确、合理、健康的手机上网理念。

引导大学生践行社会主义核心价值观，不能只提供思想理论和行为规范，而是要把大学生提升为自觉认同社会主义核心价值观的行为主体，方法上更需由单向灌输转向互动式的引导和对话，激励大学生积极思考和主动参与。各大高校应用社会主义核心价值观来指导校园文化建设，增加大学生参加集体活动、校园文化活动的机会，加强教师与学生之间、家长与学生之间、学生彼此之间情感的交流，提高大学生的集体意识与社会认同感，帮助其摆脱喜欢独处、不愿与人交流的负面心理因素，不断减少大学校园的“低头族”，重塑“天之骄子”阳光、正面、积极有为，充满正能量的形象。

### （二）高校和家庭应强化大学生信息素养和媒介素养培育

根据本项调查，大学生普遍认同手机中有大量不良信息存在，扰乱了信息秩序，并对其自身带来不良影响。但同时对于手机媒体的部分负面信息辨识力不高，也很少进行批判质疑，造成负面信息得不到遏制，仍然传播迅速。大学生在赞同和部分赞同手机信息更方便与人分享学习经验（约占 24.09%），希望可以接触到各种艺术形式与信息，提高生活情趣与品位（约占 30.34%），获取的信息有利于审美素养的培育（约占 27.00%）等问题上认同度不高，这是过于专注手机的娱乐功能而没有合理利用其他信息资源的典型表现。在大学生手机日常信息的接收与发送权重排序上表现出惊人的一致，休闲娱乐均排在第一位，大学生又俨然成为手机时代“娱乐至死”的群体。

信息素养是当前评价人才综合素质的一项重要指标，更是一种综合能力。信息素养是信息化社会中个体成员所具有的各种信息品质，包括信息智慧（信息知识与技能）、信息道德、信息意识、信息觉悟、信息观念、信息潜能、信息心理等。大学生信息素养包括运用现代信息技术获取识别信息、加工处理信息、传递创造信息的基本技能，更重要的是在信息技术所创造的新环境中独立自主学习的态度、方法和批判精神，以及强烈的社会责任感和参与意识。

手机媒体信息的海量性使大学生无所适从，逐渐丧失自主性，如今智能手机堪比“掌上电脑”，打破了传统“你发我收”信息的状态，实现了信息跨时空的交换与连接，不仅有与现实空间亲朋好友联系而取得的信息，古今中外的信息在虚拟空间也无所不及。手机信息的海量性不仅表现在信息的来源，还表现在信息的种类、信息的容量、信息的方式以及信息传递的快速性，极易导致大学生对手机产生依赖，认为其无所不包，最终导致愈发离不开手机。

信息素养和媒介素养培育的实践性很强，必须从中国现实国情和社会发展的实际需要出发，开展富有中国特色和社会发展的研究和教育活动。目前手机媒体已成为部分大学生生活的旋转轴心，深刻影响着他们的学习、生活和社交，基于这种情形，迫切需要对当代大学生进行包括信息的选择能力、理解能力、质疑能力、评估能力、创造和制作能力以及思辨能力等在内的综合能力的培训和教育。

针对这种情况，一方面，各高等院校应积极开设信息素养与媒介素养课程，广泛开展相关活动，以增强大学生理解媒介和判断、甄别信息的能力；另一方面，家长也应以合理的方式参与到引导大学生正确辨识手机网络信息的教育活动中来，只有家庭、学校、社会形成合力，才能在第五媒体时代“社会–媒介–受众”的三元互动中有效推动大学生良性、健康地使用手机媒体。

### （三）建立合理的大学生手机行为规范

大学生手机上网时长不断延长、睡觉前玩手机才能安然入睡、因手机上网锻炼身体时间减少、不玩手机时手心发麻流汗、无信号时烦躁不安、身心疲惫又不愿下网、课堂上频繁使用手机、在手机网络中更易于结识异性朋友等，大学生把大量时间用在关注手机媒体形形色色的信息上，深陷其中不能自拔。美轮美奂的页面，包罗万象的内容，翔实的文字材料，悦耳的音乐旋律，精良的影视图像，巧妙的连接机制及华美的界面形象，对身心尚未成熟的大学生来说具有极强的吸引力，不使用手机上网会出现严重的心理、生理、情绪上的负面反应。

正如法兰克福学派的领军人物之一赫伯特·马尔库塞所说的那样：“机器是一个可用来使他人成为奴隶的奴隶。这样一种专横的、奴役的趋向可以与寻求人的自由携手并进。”[1] 我们应该让技术去为现代人精神世界的和谐与崇高服务，让技术为人的全面发展服务。因此，在手机移动网络时代，我们应该从科学技术的社会影响以及与社会文化互动的视角，构建具有我国高校校园特色的大学生手机行为规范制度，制订和实施大学生手机使用过程中的礼仪、道德等行为规范，既为高校校园手机文化的繁荣和发展提供良好的基础，又能够规范大学生手机上网行为，引领当代大学生大踏步地向积极向上、身心健康、奋发有为的人生轨道迈进。

手机媒体使用呈现一种个性化趋势，各人有自己的喜爱和偏好，建立具有普适性的适宜不同大学生群体的手机行为规范实属不易，但可以先提出有指导意义的原则和方向建议。

所以将手机行为规范具体化、形象化、生活化，细化为课堂手机行为规范、手机网络行为规范、手机交往行为规范等，以宣传片、主题演讲、辩论赛、涂鸦大赛等生动活泼的校园文化形式培育大学生的手机行为规范，引发思考和反思，最后深入人心，将规范内化为道德修养，由从外到内的强制要求到从内到外的自

[1] 赫伯特·马尔库塞. 单向度的人［M］. 刘继，译. 上海：上海译文出版社，2008.

觉遵循，演化为大学生使用手机道德修养和行为方式。

**（四）建立信息防火墙，努力为大学生量身打造手机信息文化产品**

本项调查显示，大学生对国外媒体关于某些事件的评价比较感兴趣，喜欢窥探别人的隐私，喜欢转发不良信息，对于偏激言论的转发行为比较认同。大部分大学生（约占 76.55%）认为，当前手机信息量过大，而相关部门缺乏对手机信息的监管，对手机信息加强监管是有必要的，但同时在涉及自身对手机的使用、信息的接收、发送等传播途径上，他们不希望父母、老师过多地了解其手机使用情况（约占 77.66%），也不希望父母过多地干涉其手机信息接收与发送（约占 73.53%），甚至对于手机信息的管理处于一种迷茫甚至抵制的状态，这种矛盾心理正是大学生群体的真实情况。

大学生普遍认为相关部门缺乏对手机网络信息的监管，这充分说明我们原先针对互联网的法律法规需要与时俱进，需要重视与抓好手机网络信息的建设工作，打造绿色手机网络空间，确保手机网络持续、健康、快速发展。应该建立手机网络信息防火墙，在信息内容提供、信息分发和终端接入环节部署监管力量，还应设立举报机制，让不良信息无所遁形。

美国学者斯坦博克认为："过去，技术的发展驱动移动的发展。随着渗透率的提高，使用变成了动力。将来，移动的内容将成为发展的动力。"[1] 优秀的手机信息文化产品是时代的需求，也是社会发展的内在要求，它们将在大学生群体中得到最好的呈现并产生广泛的良好效应，努力为大学生量身打造优秀的手机文化产品，平衡技术的、物质的奇迹和人性的、精神的需要，让媒介工具为正确的价值观和世界观的传播服务，将会有效抵制媒介文化的负面影响。

对于手机的过度依赖严重影响大学生正常作息与学习生活，现今已经产生一些针对大学生开发的手机 App，能够帮助他们合理、健康地使用手机。如学习期间帮你锁定手机免受其打扰的 App "我要当学霸"；用栽种虚拟大树这种趣味方式治愈"低头族"的 App "forest"；由瑞典研究者史蒂夫 · 诺特伯格基于科学方

[1] 丹 · 斯坦博克. 移动革命［M］. 岳蕾，周兆鑫，译. 北京：电子工业出版社，2006.

法所研发的旨在培养用户的时间管理意识，使其养成坚定的自我管理行为的 App“番茄时钟”等。这类软件从手机内部引导大学生积极正确地使用手机，有效防止大学生对手机的沉迷与依赖，帮助他们逐步摆脱手机的束缚，提高专注度，有效减轻手机依赖症患者症状。

为大学生量身打造手机信息文化产品，杜绝“手机控”“低头族”，重塑大学生“天之骄子”的傲人形象，运营商、网络服务企业、软件开发企业应和高等院校携起手来，为培育优秀的未来社会精英而努力。

总之，手机媒体作为一种新技术、新事物、新现象，其具有一定的合理成分，但沉迷手机网络容易导致大学生呈现出庸俗化、功利化趋势，对整个社会的文化、习俗和道德规范都会带来严重的负面影响，因此，促使作为行为主体的大学生对手机媒体不良使用产生清醒的认识，并且形成“社会—手机—大学生”的良性三元互动，是政府、社会、教育工作者、家庭义不容辞的责任和义务。

## 第三节　信息时代大学生网络媒介素养培育

随着互联网及信息科技的发展，我们已进入了信息社会，或者可以称为网络社会。随着网络的飞速发展及网民数量的急剧增加，网络超越时空限制、海量信息、多媒体、交互化、小众化的传播特点，满足了那些远离家庭来到学校的大学生在学习压力和就业压力下获取信息及休闲娱乐的需要。他们利用网络进行聊天、打游戏等娱乐活动，网络已成为大学生学习的有力工具和生活密不可分的伙伴，成为获取信息的有效途径。网络已渗入他们生活的方方面面，对大学生的社会生活、价值观念甚至思维方式等都产生了巨大的影响。

### 一、信息时代大学生的媒介使用情况

网络传播满足了当代大学生对信息的需求，给他们带来了休闲和娱乐，与此同时，也存在负面的影响。笔者在高校开展的相关调查数据显示，83%的人在网络上接触过色情、暴力等负面信息，其中有 31.5%的人是主动去接受、搜集这些

信息的。

网络成为大学生逃避现实的“安乐窝”。随着大学生数量的急剧增加和社会对大学生需求的变化，大学再也不是人们所谓的无忧无虑的“象牙塔”。小到英语四、六级考试，大到考研、就业的压力和挑战，不少人还遭受失恋的打击，于是，在无法左右的现实和沉重的心理压力面前他们选择了逃避，一头扎进虚拟世界中。在浩浩网海中，他们可以实现很多现实中无法实现的梦想，比如结婚、生子、考博、当将军……甚至还可以肆无忌惮、口无遮拦地发泄心中的愤懑。

除此之外，暴力信息的传播也是我们不能忽视的。谋杀、非致死性攻击成为导致大学生早死、伤残的主要原因。为了吸引网络游戏爱好者，有些设计者竭力将一些暴力游戏的场面设计得更血腥，环境更逼真，力图综合运用声光电，产生绝佳的视听效果，满足游戏者感官上的刺激。玩家往往情绪紧张，有身临其境的感觉，以至于有许多人完全陷入游戏角色，真正达到了“人机合一”的程度。这类游戏往往设置为积分制，“杀人”越多分值（或等级）越高，这在无形中刺激了游戏者的嗜血性。长时间这种近似真实的体验使他们习惯了厮杀与血腥的场面，分不清虚拟网络和现实世界，甚至把游戏世界与生活实际相混同，从而使他们的思想高度紧张，情绪变化剧烈，富于攻击性，暴力倾向更强，这也成为犯罪的一个重要的诱发因素。此外，网络暴力游戏中设置的一些对抗情景，要求玩家必须出招快、狠、准，才能置“敌”于死地，这也使沉迷游戏的大学生受到潜移默化的影响，形成了固定的思维和行为方式。

网络给使用者带来一个无限延伸的虚拟世界，打破了时空概念，有时候混淆现实与虚幻的世界，让人在虚虚实实的世界中无法自拔，无法辨清方向。与完美的虚幻世界相比，网络使用者往往会产生对现实世界的不满，有些甚至产生厌世的想法。长时间和网络接触而忽略社会交往，人会变得冷漠、孤傲、盲从、焦虑、烦恼、颓废。网络的匿名性，一定程度上使人处于“掩面交流”的方式之中，容易引发更多的心理道德问题。电脑病毒、密码偷窃、非法交易……诚信原则很难从网络中找到，作为基本的社会道德原则，诚实和信用已经成为网络的稀有物品。信息失真、信誉危机、个人隐私的缺乏保护与泄露、抄袭和严重侵犯知识产权，在缺乏管理的虚拟社会中爆发。

## 二、信息时代大学生媒介素养的培育

在种种矛盾和冲突下，人与媒介应该建构怎样的关系呢？麦克卢汉直截了当地说："媒介即人的延伸。"如果说文字是视觉的延伸，电视是视觉、听觉和触觉的延伸，那么，网络就是人的视觉、听觉、触觉、智力及情感的综合延伸，夸张地说，网络与人的关系甚至可以看作一种社会关系。

网络与人、信息及大众传播机构良好关系的建立，需要健康和谐的媒介生态环境。健康和谐的媒介生态环境离不开以下 5 个方面的内容：（1）充满活力的媒介系统；（2）开放多元的媒介结构；（3）公正客观的专业精神；（4）和而不同的意见生态；（5）温润和谐的语言环境。而这样一个媒介生态的形成，很大程度上取决于受众的媒介素养，取决于媒介人的媒介素养，取决于社会的领导者和管理者的媒介素养。

美国著名学者道格拉斯·凯尔纳在其专著《媒体文化》中指出："获得一种对媒体的批判性的读解能力是个人和公民在学习如何应对这一具有诱惑力的文化环境时的一种重要资源。学会怎样阅读、批评和抵制媒体的操纵会有助于个人获得一种与占主导地位的媒体和文化打交道的力量。它可以提升个人面对媒体文化时的自主权，能给个人以更多的驾驭自身文化环境的力量以及创造新的文化形式所必需的教养。"❶ 作为未来社会的先进和代表人物，在信息社会中，大学生必须具备媒体使用的基本能力，即媒介素养。

所谓媒介素养，1992 年，美国媒介素养研究中心给出了如下定义：媒介素养就是指人们对于媒介信息的选择、理解、质疑、评估的能力，以及制作和生产媒介信息的能力。因而，媒介素养教育旨在培养人们对媒体本质、媒体常用的手段以及这些手段所产生的效应的认知力和判断力，使人们既了解媒体如何运作、

---

❶ 道格拉斯·凯尔纳．媒体文化：介于现代与后现代之间的文化研究、认同性与政治［M］．丁宁，译．北京：商务印书馆，2004.

媒体如何构架现实，也知道怎样制作与传播传媒作品与媒介信息。

媒介素养是大学生综合素质的重要组成部分，是现代社会高素质人才的必备能力和修养。提高公民的媒介素养，应该以大学教育为切入点，逐渐向青少年和成年人群体延伸。媒介素养教育的实践性很强，必须从中国现实国情和社会发展的实际需要出发来开展富有中国特色的研究和教育活动。媒介素养教育应包括如下主要内容：所有媒介讯息都是被“建构”的，媒介使用了怎样的技巧来吸引我们，相同的讯息为什么不同的人会有不同的理解，媒介讯息中包含了什么样的生活方式、价值和观念，媒介是如何谋利和获取权利的。

就国内高校而言，真正把媒介素养教育纳入大学教学体系的寥寥无几，复旦大学、上海交通大学等高校做了一些探索，上海交通大学把媒介素养教育课程设计为四大单元：一是传媒素养的内涵、作用及其与个人的关系，二是当代受众对大众传媒应有的认识，三是大众传媒信息与社会发展和个人成长的关系，四是大众传媒的变革与发展趋势。[1] 笔者以为，为培养高素质的媒介受众、未来媒介人及媒介管理者，创造和谐的媒介生态环境，在大学大力推进媒介素养教育势在必行，应主要从以下几个方面入手。

（1）对中国大学生媒介素养水平进行客观的评估，从其使用媒介的主动性、选择性、批判性，其对媒介信息的制码、解码能力以及媒介对其生活和学习的介入程度等诸多维度，来考量其媒介素养水平，为构建媒介素养教育内容体系提供依据；

（2）在中国文化的背景下构建具有中国特色的媒介素养内容体系与课程体系；

（3）切实推进媒介素养教育的实践；

（4）构建中国文化背景下的媒介素养教育理论体系，进一步指导大学生媒介实践。

大学生需要通过网络传播来丰富自己的学习生活，获取更多有助于自身发展

[1] 马德秀. 我们是如何开展大学生传媒素养教育的［J］. 求是，2005（4）.

的信息，借助网络传播，他们可以互通心声，在人际交往的平原上驰骋。大学生需要网络传播，如同需要生活中的必需品一样。作为时代的先锋，大学生应该有驾驭科技时尚的素质，能够合理地接受网络传播，并对其加以运用。只有具备对媒介信息进行选择、理解、质疑、评估的能力，以及制作和生产媒介信息的能力，提高自身的媒介素养，在加强思考力的训练中养育人文精神，通过对媒介内容的理性思考与评判，才能从容应对信息时代的挑战，促进媒介与个人、社会的和谐发展。只有培养出高素质的媒介的主体——人，才能够构建一个和谐有序的媒介生态环境，最终找到人与媒介完美结合的基本规律。

## 第四节　大学生新媒体素养与审美素养的和谐发展

### 一、新媒体素养与审美素养问题的提出

在这个信息技术飞速发展的新媒体时代，大学生群体已成为网络媒体消费的重要力量。但大学生普遍涉世未深，对充斥在网络中大量真假难辨的信息缺乏敏锐、独立的思辨能力，他们的生活方式和社会经验比较单一，尚未形成积极稳定的价值观念，容易受到不同价值取向的信息的干扰。2021 年中国青少年上网行为调查报告显示，网络娱乐类运用是青少年群体最重要的互联网应用，且网络音乐和网络游戏在青少年各个群体中的占比均高于全国水平。聊天交友、听音乐、玩游戏是青少年群体最热衷的网络活动，而查资料、看电影/电视剧等活动相对较少。[1]

许多大学生尚未形成正确的审美观，对美的鉴赏力也较为薄弱，不知道如何欣赏美、表现美、创造美，低俗、庸俗化的内容大行其道，使得一些大学生缺少朝气蓬勃、意气风发的精神风貌。笔者就大学生最关注的手机网络信息展开调

[1] 2021 年中国青少年上网行为调查报告［EB/OL］. 豆丁网，http://www.docin.com.

查，得出的结论如图 7-12、图 7-13 所示。[1]

调查显示，“大学生网络日常信息的接收与发送权重排序基本是一致的”。[2]大学生日常传播内容多集中在娱乐、消费和私人领域，缺少对国家大事、社会生活、美感与艺术等方面的关注，也缺乏高境界的理想信念和深层次的审美趣味。由此可见，大学生群体中存在的信息掌控能力缺失问题愈发明显。

## 二、新媒体素养与审美素养问题的具体表现

### （一）大学生新媒体素养较为缺乏

#### 1. 信息选择与批判性认识能力欠缺

面对新媒体环境下纷繁复杂的信息，刚刚步入社会的大学生缺乏批判性认识，容易轻信于人，网络的虚拟性让大量谣言以假乱真，成为不法分子投机的温床。社交媒体中备受关注的事件一次次反转，给大学生的新媒体信息把控能力敲响了警钟。在信息爆炸的新媒体时代，大学生群体面对海量信息往往无所适从，有些人甚至对网络中的信息完全信任，很容易沦为传播网络谣言的推手。在“乔某某意外死亡事件”爆出当晚，许多大学生将一些“知情人士”的爆料不加佐证地在社交平台上大肆传播，造成了恶劣的社会影响。在“秦皇岛男孩救人牺牲事件”中，以抖音为主的社交媒体上爆出被救女孩的冷漠言论，随后被救女孩陷入舆论旋涡，但最后证实发表冷漠言论的账号并非事件当事人。我们发现，在网络上制造虚假身份仿佛是轻而易举的事情，正因如此，缺乏理性思考能力的大学生离真相又远了一步。从获取信息到传播信息，新媒体的快捷便利并没有给大学生留出思考真相的空间。“一键转发”是个无比轻松的动作，不假思索即可完成，然而技术的进步反而带来质疑精神和深沉思考的丧失，大学生们逐渐丧失了

[1] 笔者指导大学生参赛获得第十四届“挑战杯”全国大学生课外学术科技作品竞赛全国一等奖作品《迷“网”中的“天之骄子”：大学生手机网络不当使用现状调查》研究成果。通过将大学生最关注的手机网络信息分为经济与日常生活、个人情感、休闲娱乐、美感与艺术、政治与信仰、文化知识六大类型，从信息接收和信息发送两个方面进行对比，借助 Eviews6.0 计量经济学软件有关模型进行统计分析。

[2] 张建，陈本友．以手机为终端的“互联网+”移动美育研究［J］．华东师范大学学报：教育科学版，2017（5）．

“精神的明辨力”。当下手机交友软件相继“登台亮相”，也为充满不确定性因素的大学生网恋埋下隐患。

2. 新媒体道德素养欠缺

新媒体为日常生活提供了丰富信息，但大学生群体的言行在一定程度上缺乏自觉的约束力和规范性，使得新媒体道德素养问题越发突出。从早年的“马加爵事件”到“江歌案”，许多大学生并未借发生在同龄人中的暴力事件警诫自己，而是通过过度“审丑”来达到娱乐目的。新闻软件推送的满是娱乐和暴力的猎奇事件，网络段子给大学生们带来片刻的欢愉，“标题党”们将深刻的题材淡化和解构……轻松快意的闲聊取代了严肃认真的交流，转瞬即逝的快感大行其道，理性精神的楼宇即将崩塌。网络炫富现象和层出不穷的借贷平台为大学生的“拜金主义”恶习提供了滋生的土壤，有的大学生为了获得物质上的不断满足，陷入了“连环贷”“裸贷”的深渊。大学生们在社交平台上发布的动态，多集中于度假旅行、品尝美食、美妆自拍等以消费和享乐为主要内容的信息。这些信息只是大学生群体看似光鲜的一个侧面，并非真实的大学生活全貌，其背后折射出当代大学生严重的道德误区，他们希望展现给他人的是一种基于金钱之上的物质享受，并非现实中美好的精神品质，实质上欠缺了学生群体意气风发的文化气质和昂扬奋进的精神内涵。

3. 信息理解和创造力欠缺

当下许多大学生对信息的认识和理解仅仅停留在表层，不去关注事件的全貌，盲目效仿他人的言行，缺乏媒介参与和创造的主动性。近年来出现的“甄嬛体”“网抑体”“黛玉体”等网络流行语成为大学生群体存在的标志，同时这些也是“快餐文化”的代表。“网络流行语体的传播也往往与其契合了一定的社会审美和娱乐的需求有关……这与大众的从众心理密切相关，大众的盲目从众、跟风的心理对于网络流行语的扩散起了重要作用。”❶ 如今科技日新月异，大学生群体社会实践经验较少，因而极易被书本以外新奇有趣的事物吸引而盲从。新媒

❶ 周晓燕，罗于茹，何志钧. 网络流行语体的生成与传播探因［M］//数字化语境中新世纪文艺审美现象解析. 北京：人民日报出版社，2015：142-151.

体环境消解了人际交流的时空界限，大学生渴望借助虚拟空间来寻找自己与他人的共性，通过谈论共同话题来获得群体认同感，让自己游离的情感和心灵找到归属，却也在不知不觉中丧失了独立思考能力与创新创造力，极易被浅层信息牵引而随波逐流。

### （二）大学生审美素养严重不足

1. 美的接收和鉴赏能力不足

柳宗元说过："美不自美，因人而彰。"美不是天生自在的，世间万物之美都离不开观赏者去发现、感悟。然而当今社会功利主义气息弥漫，实用主义逐渐取代了审美精神，大学生群体接收和鉴赏美的能力明显欠缺。在视觉文化盛行的新媒体时代，大学生对于发人深思的名著书籍阅读越来越少，取而代之的是碎片化的微信、微博阅读；对于经典的传统文化艺术形式，如戏曲、书法、雕刻、刺绣等知之甚少，而对于网络文化中的流行语、网红明星却如数家珍。著名画家木心说过："没有审美力是绝症，知识也解救不了。"大学生群体尽管在科学文化领域接受了良好的教育，但缺少审美力的支撑，依然难以在社会竞争中成为一流人才。"为何近几十年以来我们的高校很少培养出国际一流人才？"钱学森先生给出的建议是："要加强科学教育与艺术教育的融合！"

2. 美的鉴别能力不足

今天的媒介传播与流行文化对大学生的审美趣味和审美价值取向产生了极大影响，当今大学生盲目效仿与崇拜流行文化，认为凡是流行的便是美的，对美的认识逐渐丧失了主体性与批判性。大众审美层次不一，受时尚、媒体等多方面的影响，虽有一定的合理性，但是并不一定全都是好的。例如近年来兴起的整容热潮，一些大学生将流行于网络的尖下巴"网红脸"作为审美标准，争相效仿。在传统审美文化中，车尔尼雪夫斯基笔下的美丽姑娘是拥有健康体魄和红润面庞的和谐机体，而在当下新媒体环境所反映出来的审美观念中的却是美颜相机中苍白消瘦的姿态。依靠脂粉掩饰和虚拟图像表现出的美丽与自信，笔者认为这是一种"快餐式"的病态审美观。

3.美的创造能力不足

在当今这个新媒体时代，利用数字化技术可以对文化艺术作品任意复制和模仿，长此以往，审美创造力匮乏的现象将逐步显现，同质化、模式化的雷同趋向在新型媒体传播中屡见不鲜。校园“闪客”们对一些原创歌曲进行改编，在保留原旋律的基础上重新填词，构成表达大学生自身生活状态的新作品，如周杰伦的《千里之外》被恶搞为《欠我十块》。历史文化名人也成为大学生恶搞的对象，“杜甫很忙”系列图片在网络上疯传，杜甫时而手扛机枪，时而挥刀切西瓜，时而身骑白马，时而脚踏摩托，无所不能，引发网络热潮和集体围观。“杜甫很忙”图片的爆红，折射的是一个精神干涸、审美素质缺乏的现代社会怪状。将深刻隽永的文化意味削减为浅显庸俗的娱乐感受，失去了审美文化创造对表征形式创新的真诚动机，只会形成无动机的新奇效果，足见当代大学生审美创作的慵懒和审美文化的匮乏。

由此可见，关注与探讨大学生新媒体素养和审美素养问题，对大学生进行新媒体教育与审美教育可谓意义重大。提高大学生的综合素质，丰富他们的精神世界，当前已经尤为重要与迫切。

## 三、新媒体素养与审美素养的内在联系

新媒体时代，不仅审美供给大学生精神世界的给养，媒介也在深刻影响着大学生的认知和想象。作为当今大学生必须具备的两种重要素养，新媒体素养和审美素养之间存在紧密的内在联系，即统一性、交融性、和谐性。

### （一）统一性

媒介的演进正在不断地影响着人类的思维和情感方式，改变着大众的日常生活。美国媒介素养研究中心曾这样定义媒介素养，“人们面对媒体各种信息时的选择能力、理解能力、质疑能力、评估能力、创造和生产能力以及思辨和反应能力”。[1] 随着新媒体环境的普及，美国新媒体联合会又在此基础上对新媒体素养

[1] 张苑琛．新媒体时代媒介素养研究的转向［J］．探索与争鸣，2011（8）．

进行定义："由听觉、视觉及数字素养相互重叠共同构成的一整套能力与技巧，包括对视觉、听觉力量的理解能力，对这种力量的识别与使用能力，对数字媒介的控制与转换能力，对数字内容的普遍性传播能力，以及轻易对数字内容进行再加工的能力，对获取的信息进行辨别、解读，透视其背后所隐含的意识形态和价值取向的能力。"❶ 从媒介素养到新媒体素养，突出了以视听为主要形式的数字化生存范式下信息的海量性和广泛传播特点，不仅要求人们具备理解、识别和使用信息的能力，还在信息的加工和创造力上提出了新标准。更为重要的是，新媒体素养在解读信息背后的深刻含义和价值取向方面做出了着重而具体的要求，而这一点恰恰是当代大学生群体所普遍缺乏的。

审美素养是指"人所具备的审美经验、审美情趣、审美能力、审美理想等各种因素的总和。审美素养既体现为对美的接收和欣赏的能力，又转化为对审美的鉴别能力和审美的创造能力"❷。当代大学生普遍表现出的对于审美信息的忽视以及他们受功利主义、消费主义和娱乐主义等观念思潮的影响较大，恰恰反映出审美素养缺失的严重后果与影响。

新媒体素养对信息辨别能力、加工能力以及深度解读能力的要求，与审美素养中对审美的鉴别能力、创造能力的要求相互呼应，二者涵盖了当代大学生群体面对时代浪潮所应具备的基本能力与素养，新媒体素养与审美素养的培育必然是一套相互影响、相互作用的培养教育体系。由此可见，新媒体素养与审美素养二者之间具有内在的统一性。

### （二）交融性

大学生的生活方式总是紧随时代步伐，以报刊、电视为主的单向传播媒体已远不能适应当代大学生群体丰富跳跃的思维方式、满足他们对话语权的渴求。传统媒体渐渐淡出大学生视野，取而代之的是以手机、网络为代表的新媒体，它们为信息传播开拓出了更为广阔的天地。作为大学生获取信息的主要渠道，新媒体

---

❶ 姚利权．当代大学生新媒体素养实证研究报告：基于浙江省高校的调研［J］．现代营销，2011（9）：266-267.

❷ 邹慧明．语文潜在课程与学生审美素养之培育［J］．中国电力教育，2011（10）：124-126.

自然也担负着展示美、传播美、交流美的重任。但审美素养的提升不是一朝一夕就能完成的，这是一个日积月累、潜移默化的过程，大学生在新媒体营造的大环境下生活和学习，通过每天接触各式各样的审美信息，可以一点一滴地向“审美的人”蜕变。将审美素养融入新媒体素养，可以让美和艺术从神秘、缥缈、高深的神坛走到每个人身边，让大学生们得以快速而便捷地获取审美信息和培养审美能力，也能够让美和艺术的光晕如同阳光一样普照人间。同时，新媒体带来的先进视听技术手段为大学生提供了审美素养培育的重要教育资源。

目前，大学生审美素养良莠不齐，许多大学生对于艺术审美等信息不感兴趣，有的大学生会主动或被动地接受那些浅显低俗的虚假信息，还有些人面对庞大冗杂的海量信息表现得束手无策，不知道应该如何筛选有效信息。想要规范媒介使用行为，仅仅通过提高新媒体素养是远远不够的，还需要审美素养的协调，新媒体素养与审美素养的提升须臾不可分离，或者说新媒体素养培养的同时也将带来审美素养的提升，二者相辅相成，相互渗透，相互交融。

**（三）和谐性**

随着社会分工的逐渐细化，人类越来越重视专项技能的培养，但个体的整体性活动却显得片面和贫乏。“在个人身上，道德意志、审美情感与理智等被分割开来，感性与理性、肉体与精神的原始同一被打破，造成了个体人格的分裂和片面。”❶

新媒体的普及得以让美学融入每个人的日常生活之中，审美更加大众化、平民化，只有让新媒体有了美，情感与理性、形式与内容、虚拟与现实才可以实现和谐共生。通过新媒体素养与审美素养的和谐发展，平衡感性和理性，摆脱单向思维方式下的精神麻木和情感虚无，提高审美素养和审美能力，从而塑造健全、理想的人格，促进人的全面、自由、和谐发展。

当前国内许多高校存在严重的“功利化”现象，一些高校只注重对学生专业技能的培养，而忽略了对大学生的情感培育和精神塑造；大学生往往新媒体操

❶ 杜卫. 美育论［M］. 北京：教育科学出版社，2000：12.

作技能熟练，但是审美素养不足，对审美活动兴味索然，觉得高雅的文学文艺形式难以理解甚或不知所措。在高校开展新媒体素养和审美素养的综合统一培育，是促使大学生全面发展的重要途径，也是高等教育顺应时代步伐的必然要求。

## 四、构建高校新媒体美育体系

2015 年，中共中央办公厅国务院办公厅发布《关于全面加强和改进新时代学校美育工作的意见》提出："到 2020 年，初步形成大中小幼美育相互衔接、课堂教学和课外活动相互结合、普及教育与专业教育相互促进、学校美育和社会家庭美育相互联系的具有中国特色的现代化美育体系。"其中的"大"指的就是高校。同时，该意见特别提出：要基于移动互联网，建立美育网络资源共享平台，要全面树立大学生正确的审美观，使审美教育得到广泛的普及和应用，就需要在高校间形成符合新媒体环境发展趋势的美育大体系。

### （一）完善新媒体美育课程体系

叶朗把人的一生分为五个阶段，根据每个阶段不同的生理和心理状况，要实现的审美目标也各有不同。高校教育中的美育部分，若要达到理想效果，不能一蹴而就。针对不同专业学生的实际和审美需求，开设不同层次、不同类型、不同形式的美育课程，如面向全体学生的综合美育课程或美学基础课程，面向部分学生的艺术选修课程和专业审美课程，反映地方或学校特点的特色美育课程等。课程除要有完整科学的教学大纲外，还要配以专业教材。在新媒体美育课程改革中，不应拘泥于传统教学中自上而下的授课模式，应充分利用新媒体打破时空界限的优势进行教学。如采用录制云课堂、微课、慕课等多种方式，通过流媒体和网络的媒介便利让学生能够随时随地接受美育教育。中山大学录制的慕课课程"新媒体素养"，将新媒体与美育相融合，旨在为生活在网络世界中的大学生树立独立思考意识，同时培养大学生合理使用和积极参与新媒体的能力。西南大学赵伶俐教授主持编撰的《互联网+大美育理论/课程/学程/教程》系列丛书 2016 年起于北京师范大学出版社陆续出版，为尽快建立"互联网+大美育"的理论体系、课程体系与教学体系提供了支持。

### （二）建设新媒体美育师资队伍

组建具备新媒体素养和审美素养的专业教师团队十分重要。有条件的高校可在本科教育中设置“美育”专业，在硕士和博士教育中设立“美育”二级学科或美育方向，专门培养高校综合美育和艺术教育教师。目前，“高校美育教师多数毕业于美学或艺术学专业，专业知识均有保障，但是他们对新媒体技术缺乏了解，所以加强教师媒介技术的培训和综合能力的指导尤为紧急。掌握了技术，教师可以根据新媒体的特点，突破课堂的空间局限，从多个渠道与学生建立联系，实时交流沟通”。[1] 在“爱课程”网站上，已经有许多名师、专家开设了摄影、绘画、书法等艺术类课程。除发动在校教职工外，还有多种形式能够充实美育师资队伍，如组织专家讲学团在高校间进行交流，聘请艺术家和民间艺人进校园，因地制宜地成立相关工作室等。省级非物质文化遗产项目“钟氏泥塑”传承人钟先生就把他的直播间设在工作室内，期望让直播为民间手工艺服务。

### （三）搭建高校美育新媒体平台

国家十三五“互联网+”行动计划为新媒体美育的发展创造了根基，高校媒介平台建设也为大学生审美教育提供了更多实践机会。积极推进“互联网+美育”行动，扩大优质教育资源覆盖面，建立移动课程、移动教学、移动测评统一的“互联网+”高校美育课程学习和评价体系是搭建高校美育新媒体平台的重点。校园组织可以通过官方微博、微信公众号等发布美育信息，或者组建校园团队开发推广大学生美育手机软件，结合大学生喜爱的视觉文化元素，在展示当代流行艺术的同时，也向学生普及传统文化和本土文化知识，将审美信息耳濡目染地渗透大学生的日常生活。如陕西省教育厅和新华社陕西分社战略合作的公益性文化教育项目“新华美育艺术教育新媒体服务平台”，不仅为在校大学生提供美育平台，还设置了针对中小学生和普通用户的服务项目。此外，高校之间也可以通过媒体进行交流互动，形成高校美育联盟，在新媒体美育方面，课程成功模式共享、线上平台共享、优秀师资力量共享，共同参与国内外审美与艺术教育交流

---

[1] 转自中共中央办公厅、国务院办公厅于2015年发布的《关于全面加强和改进学校美育工作的意见》。

学术与实践活动等。

**（四）开展新媒体美育校园活动**

高校新媒体审美教育体系的建设，还可以采用多元理论与实践活动相结合的方式，通过师生间、学生间、学生和媒体平台间的多向互动，实现高校美育的发展。通过新媒体手段，随时随地宣传相关培训、相关主题活动，营造格调高雅、富有美感、充满朝气的校园文化环境，使美育工作常态化，使学校师生于潜移默化中受到美的熏陶。如举办关于新媒体素养和审美素养的论坛、讲座等，提升学生对于媒介审美的兴趣。“继续鼓励和支持专业文艺团体、非专业的高水平文艺社团及其他社会文化机构有计划地赴高校开展高雅艺术进校园活动”，[1] 并加入“弹幕上墙”、视频直播、微博直播等新媒体实时互动环节，增加观众的参与性。社团活动的开展也是新媒体美育的一大亮点，可以线上开展贴近大学生日常生活的手机摄影、微视频、创意设计等比赛，培养大学生的审美创造力和美学思维。需要注意的是，审美活动的作用不应只停留在文艺技能的提升上，而应致力于丰富大学生的精神世界，培养其健康的心智。

美育的目的在于“培养我们感性和精神力量的整体达到尽可能的和谐”。[2] 新媒体时代，网络信息庞杂，经济全球化、政治多极化、艺术多元化的影响日益加重，面对复杂多变的思想文化侵袭，加强大学生审美教育，引导大学生树立正确的审美观，是提升新媒体素养的重要手段，也是顺应当代信息产业发展形势、实现大学生全面发展目标以及建设中国特色社会主义和谐社会的必由之路。

## 第五节　移动美育——高校美育实践的改革创新

人工智能寄托着人类对美好生活的憧憬和理想追求。2017 年 7 月 20 日，国务院发布《新一代人工智能发展规划》，在政策层面吹响了向人工智能进军的时代号角，“人工智能”正式被提升至国家战略。人工智能和它的数据、算法、硬

[1] 转自中共中央办公厅、国务院办公厅 2015 年发布的《关于全面加强和改进学校美育工作的意见》。

[2] 席勒. 美育书简［M］. 徐恒醇，译. 北京：中国文联出版社，1984：90.

件、互联网接入和存储等组成要素使得信息传播技术的效能突飞猛进，尤其是叠加移动互联网技术嬗变，新媒体层出不穷，大众传播形态正在发生革命性变化。而随着5G时代的到来，基于移动互联网、大数据、虚拟现实、人机交互等新技术，立足于共享经济，充分发挥个人的认知盈余，实现信息与用户需求的智能匹配的媒体形态——智媒体时代已经迎面走来。智能化将成为未来传播模式创新的核心逻辑，媒介传播向智媒化发展将成为一种必然趋势。

## 一、媒介技术大爆发前夜，重提美育的价值

现今，大数据、云计算、移动互联网、社会化媒体应用等技术的广泛普及构成了互联网泛在智能发展的基础，而VR/AR、物联网、人工智能等技术的迅猛发展则成为驱动媒体快速智能化发展的直接动因。网络化、数字化技术打破时空界限，将信息进行重塑和整合，更加高效、快捷地满足了人们的信息需求，当然也不可避免地带来了一些负面影响。例如，“低头族”“手机控”跨越年龄、阶层的大面积涌现，改变了传统的媒介使用行为，机不离手、手不离机已经成为人们生活的常态。作为客体的媒介与作为主体的人之间的关系发生颠覆。人的情绪、心理、态度、行为等越发受到机器的操控。人与技术谁才是主人，人的“异化”风险引发有识之士的关注和疾呼。学者们纷纷呼吁在大数据算法机制中应发挥出人的主体性。人，才是我们发展的根本！

在《科学和现代世界》一书中，怀特海将19世纪工业化留下的灾难性问题归咎于对美学问题的忽视。许煜承袭了这样的观点，认为有必要在人工智能时代重提美育的重要性。[1] 审美教育以培养感性能力和发展完满人性为目标，是人类完善自身的一个重要方面，是使人去追求人性的完满，使自己的精神境界得以提升的过程。审美教育的本质特征在于它是一个审美体验的过程，是潜移默化地发现美、感知美并创造美的过程。美育有助于培养健全高尚的人格，塑造完美的理想人生。总地来说，美育是促使日益汹涌的技术发展回归人性的关键。一方面，

[1] 许煜. 为何在人工智能时代重提美育的重要性［EB/OL］.［2020-11-13］. http://www.cctss.org/article/headlines/2058.

在技术对人异化的背景下，美育探索追寻回归人本身的路径和方法，力求用美的情感将人们从“沉溺”的堕落中拉出，转而享受“沉浸”的美好。另一方面，技术是由人创造出来的，而美育是用来培养人的。技术的人性化需要人性化的人来造就，美育需担当起培养更多理性与感性和谐发展的完整的、全面的科技工作者的重任。美国媒介学家保罗·莱文森在《人类历程回放》中首次提出“人性化趋势”这一概念，用来描述媒介技术在进化过程中所表现出来的一种越来越符合人类需求和便于人类使用它进行信息交流的倾向。❶ 同时媒介的演变史呈现出审美功能不断强化的过程，由此甚至可以说，媒介的“人性化”发展趋势也就是其“审美化”发展趋势。❷ 人工智能与新媒体传播双重视域下合理开发与利用媒介审美价值与功能，转化为有效的美育资源，以现代媒介工具作为新的美育手段就成为一个引发学界、业界关注与思考的重要问题。

## 二、移动美育：智能手机时代高校美育的实践创新路径

霍金曾经担心“全面发展的人工智能可能会成为人类的终结者”，特斯拉创始人埃隆·马斯克也有过“发展人工智能就像是召唤魔鬼”的言论。这些听上去有些悲观主义的言论，恰恰是人工智能在近年来快速发展的佐证。人工智能被认为是21世纪三大尖端技术（纳米科学、基因工程、人工智能）之一。它研究了解智能的实质，并生产出一种新的能以与人类智能相似的方式做出反应的智能机器。人工智能大致分为以下三个层次：(1) 弱人工智能（擅长单个方面的人工智能），当前我们已经进入人工智能时代，只是现在水平还比较低，甚至处在弱人工智能中比较低级的阶段；(2) 强人工智能（在各方面都能和人类比肩的人工智能，能够进行思考、计划、解决问题、抽象思维、理解复杂理念、快速学习和从经验中学习等），比创造弱人工智能难得多，我们现在还达不到；(3) 超人工智能（在科学创新、通识和社交技能等几乎所有领域都比最聪明的人类大脑

❶ 陈功. 保罗·莱文森的人性化趋势媒介进化理论 [J]. 湖南科技大学学报：社会科学版，2016 (1)：178-184.

❷ 张建，陈本友. 以手机为终端的“互联网+”移动美育研究 [J]. 华东师范大学学报：教育科学版，2017 (5)：109-116，162.

聪明得多)，各方面都比人类强。事实上，人和技术的关系正日益产生变化，盛国荣曾对这一过程与“人—技”关系的认知做了总结性思考并指出：“工具技术时代，人们对人与技术的关系的认识多含感性因素和偶然性；机器技术时代，人们开始理性地认识人与技术之间的关系；现代社会中，由于技术负面效应的凸显，人们对人与技术之间关系的认识多为批判性的反思；后现代社会中，对人与技术的关系认识则表现出一种比现代主义更彻底的怀疑主义，同时也开始考虑重构人与技术的关系。”❶“人—技”关系的变革在一定程度上体现了人类社会与技术相伴相生的现实境况，而由于技术负面效应的凸显所产生的批判反思则是我们对技术警惕与担忧的外在体现。

随着人工智能技术的发展，手机的智能化程度不断加强，更新迭代的速度不断加快，智能手机的普及率和使用率不断上升。在这一背景下，个体的手机使用行为、手机使用特征均发生了很大的改变，并进一步引发了“手机控”这一社会症候的新表征。一方面，“手机控”赖以存在的介质与载体——手机，更为智能化，更加能够满足不同用户的个性化使用需求，个体对手机的依赖程度进一步加深；另一方面，智能化也进一步改变了“手机控”的表征，使得“手机控”行为与个体之间的联系更为密切，对于个体的影响更为深刻，促使人类社会重新反思技术与人之间的关系。实际上，不仅是智能化，社会化、移动化、个性化和界限模糊化等均成为当前媒介演进的特征。社会化意味着新的媒介形态将渗透受众生活的每一个领域，每个人都可能成为新兴媒体的用户；移动化解决受众能够随时随地使用新兴媒体形式和应用的问题；个性化解决用户的个性化需求和信息产品、传媒产品的定制问题；界限模糊化是指在新的媒介形态中，已很难分清楚媒介与生活场域的界限。大量生活应用既是新兴媒体，又是常见的生活应用，传统的媒体类型划分在此已然失效。在这一背景下，宽泛意义上的“大媒体”概念出现，智媒体带领我们走向新的手机使用与信息消费阶段。

智能化所带来的一系列传媒生态与传播环境的改变反过来又深刻影响着生活

❶ 盛国荣. 人—技关系的认知图景：西方对人与技术之间关系的认识及其流变［J］. 长沙理工大学学报：社会科学版，2014（1）：11.

其间的每一个个体，重塑着其手机使用行为，改变着“手机控”现象的外在表征，使得“手机控”研究不再是关乎个体的话题，而是成为涉及数字化生存环境下人的生存与发展的重要课题。大学生作为数字时代的原住民，借助人工智能和新媒体传播技术的飞跃发展带来的种种学习、生活便利，他们迅速融入并习惯于所谓的“数字化生存”。但与此同时，在海量信息冲击下，沉溺于网络景观的大学生与现实世界的情感交流日渐减少，相当一部分人陷入技术工具的黑洞而不能自拔，误将虚拟的读屏符号当成普遍意义与价值的出发点，导致理想与信念虚无，渐渐失去创新意识，不再拥有批判观念和探究精神。曾经大学生书生意气、朝气蓬勃，而如今“天之骄子”的形象已然消失殆尽，成为“迷网”的一代。同时，网络虚拟空间对传统审美观念起到了解构和颠覆的作用。由于大学生审美能力和审美素养的不足，无论在欣赏美、表现美还是创造美上都力不从心。无论是真善美还是假丑恶，在这个自由、开放的虚拟世界中都变得难以分辨，信息资源的繁盛与精神世界的贫瘠成为现实。严谨、精致的审美态度，高雅、脱俗的审美情怀，深刻、清新的审美趣味渐渐被随意、世俗的网络审美观所消解。加强与改进大学生审美教育显得尤为迫切与重要。

蔡元培在《美育与人生》一文中写道：“人人都有感情，而并非都有伟大而高尚的行为，这由于感情推动力的薄弱。要转弱而为强，转薄而为厚，有待于陶养。陶养的工具，为美的对象；陶养的作用，叫做美育。”❶ 技术是理性，审美是感性，美育的功用就是平衡技术日新月异发展下带来的人类感性与理性日益扩大的鸿沟，在技术至上主义盛行的大背景下，美育像一个盾牌一样阻挡技术对人的异化，让人保持本性。而作为智能、高效的现代信息技术的结晶，智能手机（移动智媒体）本身就是高科技的代表，呈现出“高技术”与“高审美”的特征，将科技的美释放出来，让美与科技充分结合，获得与众不同的审美体验。人工智能和新媒体传播融合的“浸媒”时代，媒介信息和艺术审美相互融合，从传统媒体感官体验到多种感官交融统一，技术与艺术相互促进、相互实现，带来

❶ 蔡元培. 美育与人生［C］//蔡元培全集：第七卷. 杭州：浙江教育出版社，1997：290-291.

不同以往的体验增量、信息增量与视角增量，足以证明艺术的发展变迁能够以科学技术的革新为依托，带来更好、更新、更强的审美体验。“融通科艺，即融通科学与艺术”,❶ 二者相辅相成，将催生出更新的艺术思潮和科技理念，也有利于二者更快地发展与更紧密地融合，对于审美教育同样开辟出崭新的路径和领域。

2015 年，中共中央办公厅、国务院办公厅发布《关于全面加强和改进学校美育工作的意见》提出结合“互联网+”发展新形势，建设美育资源的网络平台，创新学校美育教育教学方式。“互联网+”背景下智能手机作为可移动的现代美育平台，可以随时随地满足人们的审美需求，让生活更加充满趣味。这样的美育不必局限于现实的物理时空，既可以跨越时空，也可以遨游虚拟世界。智能手机已成为一种有意味的形式，一种崭新的审美方式，具备包容性、自由性，更加尊重不同文化趣味和审美选择，可以培养平等、开放、兼容的现代审美意识，重塑开放创新的美育生态环境。❷

人工智能与新媒体传播双重视域下，合理运用新的媒介技术与工具，探寻智能手机作为高校审美教育的新途径、新方式，对于改进和优化审美教育意义重大。“移动美育”就是基于智能手机开辟的移动审美方式，凭借智能手机强大的技术与审美功能，随时随地都可以让人获得审美体验，并在潜移默化之中受到美的熏陶和感染，是一种新时期的审美教育方式。[①]移动美育可以成为当今智媒体与自媒体时代我国高校美育实践创新发展的新手段、新方向。

## 三、人工智能与新媒体传播双重视域下高校美育实践新样态

始于智能移动终端与社交网络的媒介变革，已引发媒体受众的审美趣味、审美消费与审美场景发生巨大变化。大量研究者基于人工智能和新媒体应用的现状以及应用潜力对未来美育进行展望，进而构建出未来的高校美育新样态。而这样

---

❶ 刘福智. 21 世纪高等院校素质教育和美育的新课题：兼论传统美育的缺陷 [J]. 中州大学学报，2003（3）：76.

❷ 张建，陈本友. 以手机为终端的“互联网+”移动美育研究 [J]. 华东师范大学学报：教育科学版，2017（5）：109-116，162.

的新样态实际上是以人工智能与新媒体传播双重视域为视角，以人工智能服务于多元化、精准化、个性化的教与学的潜力与特征为中心，以大学生喜闻乐见的生活内容、方式为切入点，探讨高校美育发展之路，探讨以学生为导向的，指向真实生活体验的美育模式、样态，从而使高校美育落到实处且更加高效。

样态一：蔡元培倡导“美育不仅限于学校教育，而且也包含非正式教育之美育”。他认为，美育应当渗透社会的各个方面，贯穿人一生的各个阶段，其实施范围包括家庭美育、学校美育和社会美育，这三个方面相互联系、互为补充。[1]移动审美教育是以人为本的现代美育途径，在多元、开放的美育氛围中培养人的情感，以智能手机为手段唤起人最真挚的自由表达。[2]借助智能手机形成汇集师生交互、生生交互、人技交互等于一体的美育平台，以支撑跨越时空的教学互动和交流体验，很好地搭建起学校、家庭和社会的桥梁，实现美育资源的共建共享，为高校审美化课程开辟更为广阔的资源优选空间，为更加高效的审美信息传播途径提供坚实的技术保障，也为大学生培养多元的审美意识、正确的审美理想、高雅的审美趣味提供学校、家庭和社会交融互通的美育途径。在真实情境的生活体验之中，移动美育能够切实提高大学生的审美素养，随时随地获得美的熏陶与感染，使他们的生活越来越五彩缤纷、多姿多彩。

样态二：研究者们认为，基于人工智能技术对教育数据进行挖掘，可以支持学习者进行精准化、个性化学习，可以使教师从课堂管理、作业批改等繁重的工作中解脱出来，从事更有教育价值的事情。[3]在以云计算为基础的新一代互联网环境中，美育全过程的信息化产生了海量的美育数据，其量大、样多，来源于真实的美育场景，具有巨大的美育价值。通过对美育数据的挖掘与智能化分析，实时跟踪与反馈的智能化测评，针对不同学生的审美经验和审美情感，教师可以智能化地为学生提供个性化启发式教学。师生及时、高效的审美交流互动，在生动

[1] 蔡元培．美育实施的方法［C］//蔡元培全集：第四卷．杭州：浙江教育出版社，1997：668.

[2] 张建．手掌上的风景：智能手机时代移动审美方式研究［M］．北京：中国社会科学出版社，2016：201.

[3] 黄志强．我国教育研究中的人工智能话语：基于 CNKI 期刊论文的内容分析［D］．上海：华东师范大学，2019：78.

具体、千姿百态的对美的事物把握理解中因材施教，潜移默化地培养与提升学生的审美理解力、审美创造力和审美想象力，从而更加有效地提升高校美育教学效率。熟练掌握与使用智能手机将不再仅仅是审美教育中的技术添加剂，它更是一种素养，且将和美育一起共同承担起新时代中国大学生和谐发展的职责。

样态三："在高等教育中，在人生追求知识、自我完善的这一高层次上，美，不应当只是一些具体的可感形象、多彩的令人愉悦的事物，而应当是人和人生追求的一种最高境界的代名词。因此这个阶段的美育，也不应当再仅仅是某种领域的美的欣赏教育，而应当是关于人及人生在一切领域的活动过程及活动结果的审美欣赏及审美价值观、人生理想的教育，即人和人生最高境界的教育。"❶ 人工智能和新媒体传播双重视域下，智能手机给我们带来了崭新的移动审美空间，产生了全新的审美取向，带来了新型的文化样式与生活样式，必将引发当代审美教育方式、方法的新变化。❷ 在这全新的智能化美育环境中，大学生可以从视觉、听觉、触觉等多方面去感受美的事物，在智能化平台的学习和交互中沉浸于美的体验，逐渐形成审美判断力，提高审美鉴赏力，实现多元的审美趣味，促进他们的全面发展。当前在高校广泛开展移动美育实践的改革创新，用崭新的技术手段来实现美感教育、艺术教育、情感教育的熏陶和感染，培养学生成为真正意义上"完整的人"，是高等教育顺应时代步伐的必然要求，也是实现大学生全面发展的重要途径和手段。

长此以往，技术的发展与人的发展将相行不悖。培育"完整的人"的愿望在技术潮流喷涌勃发的背景下将更加现实、可行、普遍。高校美育也将更符合时代潮流，更符合新时代大学生的需求。高校美育的未来也一定会更加光明，更加充满希望！

---

❶ 赵伶俐. 人生价值的弘扬：当代美育新论［M］. 成都：四川教育出版社，1991：151.

❷ 张建，陈本友. 以手机为终端的"互联网+"移动美育研究［J］. 华东师范大学学报：教育科学版，2017（5）：109-116.

# 参考文献

# 参考文献


[1] H. 加登纳. 艺术与人的发展［M］. 顾建光，顾静宇，张乐天，译. 北京：光明日报出版社，1988.

[2] M. 李普曼. 当代美学［M］. 邓鹏，译. 北京：光明日报出版社，1986.

[3] 保罗·莱文森. 手机：挡不住的呼唤［M］. 何道宽，译. 北京：中国人民大学出版社，2004.

[4] 蔡元培. 美育实施的方法［C］//蔡元培全集：第四卷. 杭州：浙江教育出版社，1997.

[5] 蔡元培. 美育与人生［C］//蔡元培全集：第七卷. 杭州：浙江教育出版社，1997.

[6] 车尔尼雪夫斯基. 美学论文选［M］. 缪灵珠，译. 北京：人民文学出版社，1957.

[7] 陈功. 保罗·莱文森的人性化趋势媒介进化理论［J］. 湖南科技大学学报：社会科学版，2016（1）.

[8] 陈孝英. 幽默的奥秘［M］. 北京：中国戏剧出版社，1989.

[9] 陈志良. 虚拟：人类中介系统的革命［J］. 中国人民大学学报，2000（4）.

[10] 丹·斯坦博克. 移动革命［M］. 岳蕾，周兆鑫，译. 北京：电子工业出版社，2006.

[11] 丹尼尔·贝尔. 资本主义文化矛盾［M］. 赵一凡，蒲隆，任晓晋，译. 北京：生活·读书·新知三联书店，1989.

[12] 丹尼尔·戴扬，伊莱休·卡茨. 媒介事件［M］. 麻争旗，译. 北京：北京广播学院

出版社，2000.
[13] 道格拉斯·凯尔纳．媒体文化：介于现代与后现代之间的文化研究、认同性与政治［M］．丁宁，译．北京：商务印书馆，2004.
[14] 丁竞男．美国期刊多元化经营启示［J］．青年记者，2011（5）.
[15] 董莹．浅谈法制节目的现状与发展趋势［J］．理论界，2009（1）.
[16] 段宝林．笑话：人间的喜剧艺术［M］．北京：北京大学出版社，1991.
[17] 范愉．电视法制节目与法制建设的互动关系［J］．南通师范学院学报：哲学社会科学版，2003（2）.
[18] 范玉吉．审美趣味的变迁［M］．北京：北京大学出版社，2006.
[19] 伽达默尔．真理与方法［M］．王才勇，译．沈阳：辽宁人民出版社，1987.
[20] 郭成，赵伶俐．美育心理学：让教与学充满美感和生机［M］．北京：警官教育出版社，1998.
[21] 郭庆光．传播学教程［M］．北京：中国人民大学出版社，1999.
[22] 赫伯特·马尔库塞．单向度的人［M］．刘继，译．上海：上海译文出版社，2008.
[23] 黑格尔．悲剧、喜剧和正剧的原则［C］//刘小枫，选编．德语美学文选．王汝，译．上海：华东师范大学出版社，2006.
[24] 黑格尔．美学（第三卷下册）［M］．朱光潜，译．北京：商务印书馆，1981.
[25] 胡智锋，尹力．电视法制节目：特质、创作与开发［M］．北京：中国广播电视出版社，2003.
[26] 黄志强．我国教育研究中的人工智能话语：基于 CNKI 期刊论文的内容分析［D］．上海：华东师范大学，2019.
[27] 贾秀清，粟文清，姜娟．重构美学：数字媒体艺术本性［M］．北京：中国广播电视出版社，2006.
[28] 姜依文．电视传播的人文精神［J］．现代传播，2002（1）.
[29] 蒋永福，刘敬茹．认知图式与信息接受［J］．图书馆建设，1999（3）.
[30] 景汉朝．传媒监督与司法独立的冲突与契合［J］．现代法学，2002（1）.
[31] 库卡尔金．卓别林评传［M］．芮鹤九，译．北京：中国电影出版社，1984.
[32] 匡文波．手机媒体概论［M］．北京：中国人民大学出版社，2006.

[33] 兰比尔·沃拉. 中国：前现代化的阵痛：1800 年至今的历史回顾［M］. 廖七一，周裕波，靳海林，译. 沈阳：辽宁人民出版社，1989.

[34] 李健. 图式的心理定位及概念界说［J］. 心理科学，2003，26（4）.

[35] 李其维. "认知革命"与"第二代认知科学"刍议［J］. 心理学报，2008（12）.

[36] 李银河. 超女是"跨性别主义"的胜利［N］. 南方周末，2005-08-25.

[37] 李缨，度继光. 法制电视剧对司法形象的误读浅析［J］. 四川省政法管理干部学院学报，2005（1）.

[38] 李渔. 闲情偶寄［M］. 杭州：浙江古籍出版社，1985.

[39] 刘冬冬，何人可. 3G 手机用户界面设计探讨［J］. 包装工程，2007，28（5）.

[40] 刘福智. 21 世纪高等院校素质教育和美育的新课题：兼论传统美育的缺陷［J］. 中州大学学报，2003（3）.

[41] 刘小枫. 德语美学文选：上卷［M］. 上海：华东师范大学出版社，2006.

[42] 刘勰. 文心雕龙［M］. 江苏：广陵出版社，2010.

[43] 刘信中. 青少年期刊的黄金十年：以《课堂内外》为例［J］. 传媒，2014（1）.

[44] 刘自力. 新媒体带来的美学思考［J］. 文史哲，2004（5）.

[45] 卢国强，方刚. 瘾君子看《法治进行时》研究反侦察［N］. 京华时报，2002（4）.

[46] 陆地，惠东坡. 我国电视法制节目的现实挑战：以 CCTV《今日说法》为例［J］. 电视研究，2009（2）.

[47] 罗婧婷. 中国内地小妞电影研究［D］. 重庆：西南大学，2015.

[48] 罗志芬. 当跨文化广告传播遭遇"民族化"［J］. 中国广告，2004（6）.

[49] 马德秀. 我们是如何开展大学生传媒素养教育的［J］. 求是，2005（4）.

[50] 马尔库塞. 审美之维［M］. 李小兵，译. 北京：生活·读书·新知三联书店，1989.

[51] 马克思，恩格斯. 马克思恩格斯全集：第 21 卷［M］. 北京：人民出版社，1965.

[52] 马克思. 1844 年经济学哲学手稿［M］//中共中央马克思恩格斯列宁斯大林著作编译局. 马克思恩格斯全集：第 42 卷. 北京：人民出版社，1979.

[53] 罗钢，孟登迎. 文化研究与反学科的知识实践［J］. 文艺研究，2002（4）.

[54] 尼葛洛庞帝. 数字化生存［M］. 胡泳，范海燕，译. 海口：海南出版社，1997.

[55] 潘知常. 生命美学论稿：在阐释中理解当代生命美学［M］. 郑州：郑州大学出版

社，2002.
[56] 庞进. 龙文化研究：龙的神性与民族文化心理 [J]. 人文杂志，2000 (1).
[57] 彭吉象. 试论悲剧性与喜剧性 [J]. 北京大学学报：哲学社会科学版，2004 (4).
[58] 彭兰. 智媒化：未来媒体浪潮：新媒体发展趋势报告 (2016) [J]. 国际新闻界，2016 (11).
[59] 彭立勋. 笑：喜剧美感的突出特点 [J]. 江汉论坛，1985 (11).
[60] 皮埃尔·布尔迪厄. 关于电视 [M]. 许钧，译. 沈阳：辽宁教育出版社，2000.
[61] 让·鲍德里亚. 消费社会 [M]. 刘成富，全志钢，译. 南京：南京大学出版社，2008.
[62] 邵培仁. 传播生态规律与媒介生存策略 [J]. 新闻界，2001 (5).
[63] 邵培仁. 媒介生态学研究的基本原则 [J]. 新闻与写作，2008 (1).
[64] 邵奇. 试论当代中国电视剧的传播理念 [D]. 上海：复旦大学，2004.
[65] 盛国荣. 人-技关系的认知图景：西方对人与技术之间关系的认识及其流变 [J]. 长沙理工大学学报：社会科学版，2014 (1).
[66] 石锋. 喜剧：以超越走向自由 [D]. 沈阳：辽宁大学，2013.
[67] 时统宇. 消息写作 [M]. 北京：中国广播电视出版社，2002.
[68] 史安斌. 从"客观新闻学"到"对话新闻学"：试论西方新闻理论演进的哲学与实践基础 [J]. 国际新闻界，2011 (12).
[69] 叔本华. 作为意志和表象的世界 [M]. 石冲白，译. 北京：商务印书馆，1982.
[70] 孙宝林. 塑造健康的 AR/VR 出版新业态 [J]. 出版发行研究，2017 (1).
[71] 孙鼎国. 西方文化百科辞典 [M]. 长春：吉林人民出版社，2006.
[72] 孙庚. 传播学概论 [M]. 北京：中国人民大学出版社，2010.
[73] 孙淑桥. 透过弗洛伊德潜意识来探索人的本质 [J]. 陇东学院学报，2009 (4).
[74] 孙永兴. 评析法制节目娱乐化的危害 [J]. 电影评介，2008 (5).
[75] 泰戈尔. 泰戈尔随笔 [M]. 康绍邦，等译. 合肥：安徽文艺出版社，1997.
[76] 汤志耘. 论现代广告的内在逻辑 [J]. 中国广告，2004 (10).
[77] 童庆炳. 童庆炳谈审美心理 [M]. 开封：河南大学出版社，2008.
[78] 托马斯·弗里德曼. 世界是平的 [M]. 何帆，肖莹莹，郝正非，译. 长沙：湖南科

学技术出版社，2007.
[79] 汪民安. 手机：身体与社会 [J]. 文艺研究，2009 (7).
[80] 王猛. 黑色电影的“黑色追求” [J]. 北京电影学院学报，2008 (4).
[81] 王仁忠. 电视法制节目的发展策略 [J]. 现代视听，2008 (4).
[82] 王一川. 审美体验论 [M]. 天津：百花文艺出版社，1999.
[83] 王岳川. 艺术本体论 [M]. 上海：上海三联书店，1994.
[84] 王振铎，刘大年. 编辑学研究 60 年的学术发现：编辑学的理论创新与学科发展 [J]. 北京联合大学学报，2010 (1).
[85] 席勒. 美育书简 [M]. 徐恒醇，译. 北京：中国文联出版社，1984.
[86] 肖弦奕，杨成. 手机电视：产业融合的移动革命 [M]. 北京：人民邮电出版社，2008.
[87] 谢耘耕，周聘芬. 法制频道：喧嚣后的沉寂 [J]. 新闻界，2005 (5).
[88] 徐林祥. 中国美学初步 [M]. 广州：广东人民出版社，2001.
[89] 许煜. 为何在人工智能时代重提美育的重要性 [EB/OL]. [2020-11-13]. http://www.cctss.org/article/headlines/2058.
[90] 亚里士多德. 诗学·诗艺 [M]. 罗念生，译. 北京：人民文学出版社，1962.
[91] 严三九，兰卉，季宸东. 2007 年中国电视公益节目发展年度报告 [EB/OL]. http://media.people.com.cn/GB/22114/147201/147208/8857944.html.
[92] 杨春时. 美学 [M]. 北京：高等教育出版社，2004.
[93] 杨海涛. 广告表现艺术及审美特征 [J]. 内蒙古财经学院学报，1998 (2).
[94] 杨柳. 消解与恶搞的狂欢：国产小成本喜剧电影与青年亚文化 [J]. 北京电影学院学报，2010 (2).
[95] 叶浩生. 有关具身认知思潮的理论心理学思考 [J]. 心理学报，2011 (5).
[96] 叶朗. 美学原理 [M]. 北京：北京大学出版社，2008.
[97] 叶朗. 现代美学体系 [M]. 北京：北京大学出版社，1999.
[98] 易高原，简渠. 当前市场化期刊发展的新特点及趋势 [J]. 重庆科技学院学报：社会科学版，2011 (17).
[99] 殷明，刘电芝. 身心融合学习：具身认知及其教育意蕴 [J]. 课程·教材·教法，

2015（7）.
[100] 尹力，张小琴. 论中国电视法制节目的文类概念与文类特征［J］. 现代传播，2003（5）.
[101] 游洁，郑蔚. 电视法制节目新论［M］. 北京：中国广播电视出版社，2007.
[102] 于帆. 交融中的独立与传承［D］. 长春：东北师范大学，2006.
[103] 余虹. 审美文化导论［M］. 北京：高等教育出版社，2006.
[104] 约翰·贝尔顿. 美国电影美国文化［M］. 米静；马梦妮，王琼，等译. 上海：上海人民出版社，2010.
[105] 约翰·斯道雷. 文化理论与通俗文化导论［M］. 杨竹山，郭发勇，周辉，译. 南京：南京大学出版社，2006.
[106] 曾耀农. 现代传播美学［M］. 北京：清华大学出版社，2008.
[107] 詹·达米科. 黑色电影：并不过分的建议［J］. 何小正，译. 世界电影，1988（1）.
[108] 章柏青，张卫. 电影观众学［M］. 北京：中国电影出版社，1994.
[109] 张东林. 科幻电影：在幻象与本体之间［J］. 电影艺术，1994（1）.
[110] 张建，陈本友. 以手机为终端的“互联网+”移动美育研究［J］. 华东师范大学学报：教育科学版，2017，35（5）.
[111] 张建，侯雨诗. 大学生“手机恋”现状调查与对策分析［J］. 重庆邮电大学学报：社会科学版，2016（2）.
[112] 张建. 手掌上的风景：智能手机时代移动审美方式研究［M］. 北京：中国社会科学出版社，2016.
[113] 张健. 征服与遁逃：朱光潜喜剧美学思想初论［J］. 北京师范大学学报：社会科学版，1998（6）.
[114] 张世海. 对数字化时代阅读“碎片化”与“图像化”的思考［J］. 出版发行研究，2016（6）.
[115] 张通生，杜丽芬. 3G后传播时代的手机媒体［J］. 新闻爱好者，2009（24）.
[116] 张晓君. 黑色电影典型形象论［D］. 南京：南京师范大学，2005.
[117] 张永刚，董学文. 文学原理［M］. 北京：北京大学出版社，2001.
[118] 章国锋. 信息技术与德国“构成主义”学派的文化理论［A］//欧美文学论丛

（第三辑）欧美文论研究．北京：人民文学出版社，2003.

[119] 赵伶俐．人生价值的弘扬：当代美育新论［M］．成都：四川教育出版社，1991.

[120] 中国互联网络信息中心（CNNIC）．第36次《中国互联网络发展状况报告》［R/OL］．（2015-07-23）［2015-08-10］．http://www.ce.cn/xwzx/gnsz/gdxw/201507/23/t20150723_6022843_3.shtml.

[121] 中国互联网信息中心．第40次《中国互联网络发展状况统计报告》［R/OL］．北京：中国互联网信息中心，2017-08-04.

[122] 中国社会科学院文学研究所．古典文艺理论译丛［Z］．北京：知识产权出版社，2010.

[123] 中国新闻出版研究院全国国民阅读调查课题组．"第八次全国国民阅读调查"十大结论［N］．中国新闻出版报，2011-04-22.

[124] 重磅！微信发布2015微信生活白皮书［EB/OL］．（2015-10-24）［2015-10-25］．http://www.touheima.com/show/2937.html.

[125] 周根红．美国法律频道改版的内容特征及策略［J］．电视研究，2008（9）.

[126] 周婷玉，胡锦武．广电总局：法制报道严防追求刺激和娱乐化倾向［EB/OL］．（2006-11-17）［2013-10-15］．http://www.gov.cn/jrzg/2006-11/17/content_445751.htm.

[127] 周伟业，滕守尧．网络美育：艺术教育的媒介视角［M］．南京：南京出版社，2009.

[128] 朱光潜．悲剧心理学［M］．北京：人民文学出版社，1983.

[129] 朱光潜．朱光潜美学文集：第三卷［M］．上海：上海文艺出版社，1982.

[130] 朱立元．美学大辞典［M］．上海：上海辞书出版社，2010.

[131] 宗白华．美学散步［M］．上海：上海人民出版社，1981.

[132] 宗白华．艺境［M］．合肥：安徽教育出版社，2006.

[133] 邹慬礼．"黑色"影像里的社会与人生：黑色电影研究［J］．河南教育学院学报：哲学社会科学版，2004（4）.

[134] BEVINS S，BRODIE M，BRODIE E．A study of UK secondary school students，perceptions of science an dengi neering［C］．In European Educational Research Association Annual Conference，Dublin，2005.

[135] GRIGORE BURDEA, PHILIPPE COIFFET. Virtual Reality Technology [M]. 2ed. New Jersey: J. Wiley&Sons, 2003.

[136] JEAN BAUDRILLARD, POSTER MARK. Jean Baudrillard: Selected Writings [M]. Stanford: Stanford University Press, 1988.

[137] NOR FARHAH SAIDIN, NOOR DAYANA ABD HALIM, NORAFFANDY YAHAYA. A Review of Research on Augmented Reality in Education: Advantages and Applications [J]. International Education Studies, 2015 (13).

[138] PHANG F A, ABU, M S, ALI M B, et al. Faktor Penyumbang Kepada Kemerosotan Penyertaan Pelajar Dalam Aliran Sains: Satu Analisis Sorotan Tesis [C]. Malaysian Education Deans' Council (MEDC) 2012.

[139] SA LOWERY, ML DEFEUR, PEARSON. Milestones in mass communication research: media/effects/3rded [M]. New York: Longman Publishers, 1995.

[140] SELLEN, A., HARPER, R. The myth of the paperless of-fice [M]. Cambridge: MITPress, 2003.

[141] ZUND F. SUMNER RW, Magnenat S, et al. Augmented creativity: bridging the real and virtual worlds to enhance creative play [C]. The SIGGRAPH Asia 2015 Mobile Graphics and Interactive Applications, 2015.